Jakob Bidermann

Cenodoxus

Deutsche Übersetzung
von Joachim Meichel
(1635)

Herausgegeben von
Rolf Tarot

Philipp Reclam jun. Stuttgart

RECLAMS UNIVERSAL-BIBLIOTHEK Nr. 8958
Alle Rechte vorbehalten
© 1965 Philipp Reclam jun. GmbH & Co., Stuttgart
Bibliographisch ergänzte Ausgabe 2000
Die Aufführungs- und Senderechte für Bühne, Hörfunk und Fernsehen
vergibt der Steyer Verlag, Münchner Straße 18, 83395 Freilassing
Gesamtherstellung: Reclam, Ditzingen. Printed in Germany 2006
RECLAM, UNIVERSAL-BIBLIOTHEK und
RECLAMS UNIVERSAL-BIBLIOTHEK sind eingetragene Marken
der Philipp Reclam jun. GmbH & Co., Stuttgart
ISBN-13: 978-3-15-008958-3
ISBN-10: 3-15-008958-1

www.reclam.de

CENODOXVS
Der Doctor von Pariß.

Ein sehr schöne

Comœdi / von einem ver=
dambten Doctor zu Pariß / durch
dessen schröckliches Exempel S. Bruno
den Carthäuser Orden angefangen.

Sehr lustig vnd annemblich / dar=
neben auch erschröcklich / vnd dahero son=
derlich zu diser Zeit gar nutzlich zu
lesen.

Vor etlich Jahren durch den Ehrwürd:
P. Iacobum Bidermannum Soc. IESV
Theologum in Latein gestellt:

Vnd an jetzt
Durch M. Ioachimum Meichel
Brunouiensem, ipsius quondam disci-
pulum; verteutscht.

Getruckt zu München bey Cornelio Leysserio, Churfürstlichen Buch=
trucker vnd Buchhandler.
In Verlag deß Teutschen Authoris.

M. DC. XXXV.

Ad Patronum.

Multi laudauêre suos, Patrone, Patronos,
Hîc sileo; totâ dignus es Iliade.

[A2 recto]

Dem Hochwürdigen / WolEdlen Gestrengen vnnd Hochgelehrten / Herrn Thomae Mermann von Schönperg / der Heiligen Schrifft Doctorn / Protonotario Apostolico Comiti Palatino, Churf: Durchl: inn Bayrn / etc. Rath / Dechanten zu Mattigkhofen / auch deß HochStiffts zu Passaw Thumbherrn. Als seinem Gnedigen Herrn vnd HochgeEhrten Patrono, Zu einem Glückseeligen Frewdenreichen Newen Jahr / Wie auch Zu Gratulation der newlich angetrettnen Thumbherrn Stell. M. IOACHIMVS MEICHEL Brunouiensis Bauarus Dicat, Dedicat, ANNO PatrIa qVo VeXata DIV, reqVIesCIt ab arMIs.

[A2 verso]
Summarischer Innhalt der Geschicht vom Parisischen Doctor.

Im Jahr Christi 1082. war ein weitberühmbter Doctor zu Pariß / welcher als er gestorben / vnnd man die Leich besingen wollen / hat er bey anfang der Lection Responde mihi, Gib mir Antwort / etc. sich in der Todenbaar auffgericht / vnd mit mennigklichs entsetzung geschryen: Auß gerechtem Vrthel Gottes bin ich anklagt. Deßwegen hat man die Vigil auff folgenden Tag verschoben / an welchem der zuelauff von Leuten noch grösser worden / die warteten was darauß werden wolt. Die Vigil fangt widerumb an / vnd zu den Worten Responde mihi, hebt sich der Tode widerumb auff vnd schreyt / Auß gerechtem Vrthel GOttes bin ich gerichtet. Dieweil man aber noch nicht wissen kund / was der strenge Richter vber disen Menschen geurthelt hett / so erwartet man auch deß dritten Tags. Vnd als man widerumb anfienge zusingen Responde mihi, richtet sich der Leichnamb abermal auff / vnd mit erschröcklicher Stimm schreyt er: Auß gerechtem Vrthel Gottes bin ich Ewig verdambt. Dises gieng Brunoni zu Hertzen / verließ die Welt / begab sich sampt andern Sechs seinen Mitgesellen in ein Wildnuß / vnd hat allda den Carthäuser Orden angefangen. Breuiar.
    Roman. Franc. de Put. in Vita S. Brunonis.

Persohnen.

Christus.
S. Petrus \} sampt andern Apostlen.
S. Paulus /
S. Michaël ErtzEngel.
Cenodoxophylax deß Doctors Cenodoxi
  SchutzEngel.
Vier andere Engel.
Cenodoxus der Doctor von Pariß.
Spiritus deß Doctors Seel.
Conscientia das Gwissen.
Panurgus der HauptTeufel.
Hypocrisis die Gleißnerey.
Philautia die Aigen Lieb.
Astherot   \
Asempholot   } drey andere Teufel.
Phasallioth   /
Morbus, die Kranckheit.
Mors, der Todt.
Philedemon deß Doctors guter Freund.
Aesculapius   \
Machaon   } Doctores der Medicin.
Podalyrius   /
Dama der Laggey oder Jung.
Mariscus der Schmarotzer.
Engonus   \
Labeo |
Naso   } Diener.
Dorus |
Dromes   /

Cleptes der Dieb.
Dropax ⎱ zween Steckenknecht.
Smilax ⎰
Nauegus der verdorbne Schiffman.
Exoristus ⎱ zween vom Feind Gefangne
Ptochus ⎰
Rusticus der Pesentrager.
Bruno CarthäuserOrdens Stiffter.
Hugo
Landvvinus
Guarinus ⎫
Stephanus ⎬ Seine Mitgesellen.
Philaretus ⎭
Andreas

CENODOXVS,
Der Doctor von Pariß.

Der erst Act.

DIE 1. SCENA.

Dama der Laggey.
Mariscus der Schmarotzer.

Dama der Laggey beklagt sich vber Mariscen den Schmarotzer / daß derselb seinen Herrn den Doctor mit seinen heuchlerischen vnnd schmaichlenden Worten so sehr einnimbt / redet jhn durch ein schön erfundenen List von dem MittagEssen ab.

    D a m. Ey das all Teufel in der Höllen
    Nit hinführn disen letzen Gsellen /
    Der meinen Herrn so sehr betreugt /
    Jhm schmaichlet / vorschwetzt / vnd vorleugt:
5   Sagt jhm vor / wie durch alle Land
    Sein grosser Namen sey bekannt /
    Wie jhm all Glehrte müssen weichen /
    Wie man find nirgends seines gleichen;
    Erhebt jhn in den Himmel hoch /
10 Ja höher vbern Himmel noch.
    Ey pfui deß schwetzens / pfui der schandt /
    Mit solichem Schmarotzertandt!
    Mich selbst verdriest darbey zustan /
    Daß ichs so offt mueß hören an.

15 Warumben thuet er aber diß?
Weil jhm ein Fraß darfür ist gwiß.
Wann er sich also schwetzet ein /
Mueß er meins Herren Gast gleich seyn.
Drumb auß dem Himmel geht kein Tag /
20 Das ich vor jhm Rhue haben mag.
Er steckt schier Tag vnd Nacht im Hauß /
Mit lieb bringt man jhn nit darauß.
Wann müest ich außgehn / das nit er
Von ferren gleich zu mir daher:
25 Hör Dama / wie stehn alle sachen /
Was thuet dein Herr anheut guets machen?
Wie lebt er? Ist er occupiert?
Villeicht er sich jetzt recreiert?
Sitzt er nit jetzt schon an dem Tisch?
30 Spaciert er / daß er sich erfrisch?
Ich sag jhm gleich Ja oder Nein /
Tringt er sich doch ins Hauß hinein;
Vnd wann er nur ein wenig spürt /
Daß ich mit spöttlen jhn vexiert /
35 Zum Kopff er mit der Faust mich sticht /
Das ist das negst / es fehlt mir nicht.
Nun huj wolan / heut heut wil ich
An disem Lauren rechen mich /
[3] So manches Vnbild wird er müssen
40 Mit einer starcken Fasten büessen /
Dann gestern ich von jhm vernommen /
Er wöll heut zum Mittagmahl kommen /
Er bleibt nit auß zu diser frist /
Vnd sonderlich weil jhm bewüst /
45 Daß mein Herr frembde Gäst geladen /
Es wird jhm aber nit gerathen:
Ich hab mir schon genommen für /
Wie ich wöll machen guet gschirr.

38 Lauren = Schelm.

Der I. Act. Die 1. Scena.

Botz trimer sehet / eben der
50 Von dem ich red / geht jetzt daher.
Ich wil mich richten in das Spil /
Will hören was er reden wil.
M a r. Ich glaub die Sonn geh heut nit recht /
Ich bin gleichwol in Künsten schlecht /
55 Doch ist es ainmal gwiß bey mir /
Daß es Mittag ist worden schier /
Es schlag die Vhr gleich wie sie wöll /
Nach meiner Regel ich mich stöll.
Die dann bey mir vil gwiser geht;
60 Dann / wann ich auffstehe von dem Beth /
So hat es gwiß schon sibne gschlagen:
Wann mich anfangt der Hunger plagen /
So ist es gwiß vmb Mittentag:
Vnd wann ich nit mehr fressen mag /
65 So geht es gegn der Nacht dahin /
Die Vhr die geht nach meinem Sinn.
Der Schatten geh krumm oder krad /
Mein Magn ein bessern Zaiger hat;
[4] Der sagt / ich soll gen Mittag essen /
70 Das läst er mich gar nie vergessen.
Darumb will ich in disem Hauß /
Jetzunder suechen meinen Schmauß /
Dann hierinn wohnt der Doctor mein /
Bey dem ich täglich Gast mueß seyn /
75 Der niemand sonst fast achtet sich /
Allein hat er nur geren mich.
Doch mach ich jhm guet kurtzweil auch /
Vnd nit nur nach gemainem brauch /
Ich reiß vor jhm nit Zotten grob /
80 Das man vil hab zu lachen drob /
Vilmehr ich mich vor jhm befleiß /
Daß ich jhn dapfer lob vnd preiß;

---

75 sich achten = beachten.

Zu höchst in Himmel ich jhms richt /
Ob ers ist würdig / waiß ich nicht.
85 Daß es ist aber nutzlich mir /
Das waiß ich wol / vnd täglich spür.
Wolan / hinzue wil ich jetzt gehn.
Macht auff / last mich nit lang da stehn.
Macht auff / ist niemand in dem Hauß?
90 Auff auff. D a m. Was ist für gschrey da drauß?
M a r. Mach auff das Hauß / vnd laß mich drein /
Oder ich schlag die Haußthür ein.
D a m. Back dich daruon / das rath ich dir /
Oder aber? M a r. Wie mainsts mit mir?
95 Was oder aber? D a m. Back dich bald /
Oder aber ich brauch gewalt /
Vnd wirff mit disem Stain auff dich.
M a r. Wie? Du Lecker / woltst werffen mich?
Mach mir bald auff das rath ich dir /
100 D a m. Back dich bald weck / das rath ich dir.
Oder ich wirff. M a r. Wie? Bist Herr im Hauß?
D a m. Das Hauß ist mein / vnd du bleibst drauß.
Ich laß mich kain hierinn betrüeben /
Der sich wolt hie mit Bossen vben.
105 M a r. Wie? Sagst du Lecker / s Hauß sey dein?
D a m. Warumb nit? Ich laß niembd herein.
Dann ich mueß es bewahren wol.
M a r. Ja / daß es niembd hintragen soll?
D a m. Ey fort mit dir an liechten Galgen /
110 Soll ich noch länger mit dir balgen?
Was hast bey disem Hauß zuschaffen?
M a r. Fragst noch du ErtzDieb? Was thuest gaffen?
Wo ist der Doctor? D a m. Mainst den Herrn?
M a r. Ja ja / den wolt ich wissen gern.
115 D a m. Der Gestern war in disem Hauß?
M a r. Ja ja / derselb / was machst lang drauß?
D a m. Der mich zum Hauß hat her bestellt?
M a r. Ja ja / was fragst / das mich auffhelt.

Der I. Act. Die 1. Scena.

D a m. Der Doctor der mein Herr da ist?
M a r. Ja ja / glaub ich / nit witzig bist.
D a m. Der dich im Hauß nit leiden mag?
M a r. Du Strickbueb hörst nit was ich sag?
Wilst noch kein Antwort geben auß?
Ist der Doctor drinn oder drauß?
D a m. Der Doctor ist / wo es jhm gfellt /
Dahin er dich nit hat bestelt.
M a r. Bueb / wann ich dir diß spöttlen schenck /
Vnd nit noch dapfer dir eintrenck /
So schwer ich dir gantz vnuerstollen /
Der Teufel soll Mariscen hollen.
D a m. Was hör ich da? Ey tausent Teifel /
Was hab ich ghabt für einen zweifel!
Bistus Marisce? Was ist diß?
Ich hett vermainet für gewiß /
Es wär ein andere Person;
Dir hett ich sonst längst auffgethon.
Ey / ey / wie hab ichs vbersehen?
Es ist dir je zu kurtz geschehen.
Bleib hie / bleib hie / ich mach dir auff.
M a r. Ich will nit / stracks daruon ich lauff /
Ich will den Lecker finden drumb /
So bald ich nur zum Doctor kumb /
Wil ich jhn also salben wol /
Daß er an mich gedencken soll.
D a m. Bleib da / bleib da / beym Schlapperment /
Marisc / ich hab dich je nit kennt.
M a r. Du Lapp / was hastu dann gemeint /
Wer es doch sey / Freund oder Feind?
D a m. Ich maint es wär ein letzer Gsöll
Der sich herinn verstossen wöll /
Oder sonst ein versoffner Brueder /
Der etwann täglich lig im Lueder.
Ey / ey / Marisce / soll dann ich
An disem Orth hie sehen dich?

Der I. Act. Die 1. Scena.

155 Der du doch soltest voller Wein
Schon längst bey meinem Herren seyn.
M a r. Ich waiß gleichwol / ich äß ja schon /
Wann du nit selbst wärst schuldig dran.
Hett schon gelabt die Gurgel mein /
160 So darff ich ja doch jetzt hinein?
D a m. Wohin? M a r. Herein in dises Hauß /
D a m. Du darffst wol / doch nimb dir kein grauß.
M a r. An wem? D a m. Sich vmb daß niemand hör:
M a r. Was ist es dann? D a m. Sich vmb dich ferr.
165 Es möchten Leut vmb dWeeg hie seyn.
M a r. Sag an / sag an / wir seynd allein.
D a m. Kennst Maister Marxen vnsern Koch?
M a r. Vnsern Koch? Was ist es dann noch?
D a m. In Ernst / kennst ja deß Herren Koch?
170 M a r. Vnd kenn ich jhn / was ists dann noch?
D a m. Den Buckel schmotzig schmirbign Tropfen?
M a r. Ja ja; sag fort / mueß ich dich klopfen?
D a m. Als diser in der Kuchen heut
Zu dem Mittagmal zuebereit /
175 (Aber / lieber sich vmb noch mehr
Daß vns nur niemand reden hör.)
M a r. Sag fort. D a m. Der ist dort vor dem Herd
Gähling gefallen zu der Erd.
M a r. Wie? Ist er also nidergfallen?
180 D a m. Ja freylich / vnd dort vor vns allen /
Ellendigklichen er auffschreit /
Wie er den andern Tag schon leid
Die hoch vergiffte Pestilentz.
M a r. Wie? Ligt er an der Pestecrentz?
185 D a m. Ach lieber Gsell raich mir dein Hand /
Vor Forcht fall ich schier an die Wand.
Erschrick ich / wann ich denck daran.
M a r. Weck mit der Hand / halts weit hindan.
D a m. Was fliechestu? M a r. Rühr mich nit an.
190 D a m. Warumb Marisce? M a r. Laß mich gahn.

Der I. Act. Die 1. Scena.

D a m. Wilstu dann nit / was ich angfangen /
Noch weiter hören wie es gangen?
M a r. Ich wils wol hören an von dir /
Jedoch von ferren red zu mir.
195 D a m. Ich aber wolt / was ich wil klagen /
Dir in ein Ohr vil lieber sagen.
M a r. Ja wol ins Ohr / ja wol ins Ohr /
Steh weit von mir / vnd red empor.
So ist destweniger gefahr.
200 D a m. Ey ey / wol ein forchtsamer Narr.
So merck nun auff was ich dir sag:
Als kam zum Herren dise Klag;
Floh er daruon eilends vnd gschwind /
Sampt vnserm gantzen Haußgesind /
205 Vnd liesse also da allein
Nur mich vnd vnser Thorwärthlein.
Wir sollen sehen auff das Hauß.
M a r. Vnd wo ist dann der Herr hinauß?
Ey red von ferren / gehe nit her /
210 Ich fürcht die Pestilentz so sehr.
D a m. Waistu wo er sein Garten hat /
Nit ferr da draussen vor der Statt?
Alldorten in demselben Garten /
Thuet er dein zu dem Essen warten.
215 M a r. Wo ist der Garten? weiß mir jhn.
D a m. Wilst das ich dich soll führen hin?
M a r. Bey leib nit / rühr mich nur nit an /
Doch nur von ferren zaig hinan /
[9] Vnd lehre mich mit wenig Wort /
220 Wo ich soll finden dises Orth?
D a m. So geh zum allerersten dort
Hin durch den negsten Thuren fort.
Darnach wirst auff der lincken Seit /
Ein Bogen sehen wie ich deut /

---

222 Thuren = Turm, Stadttor.

225 Dort gehe nit auff die rechte Hand /
Sonder schlag dich zur lincken Wand /
In krummen Winckel wol hinumb /
Darnach so wend dich wider rumb /
Ein klaines zu der rechten Seit /
230 Vnd wider auff die Linck nit weit /
Alßdann zur Rechten noch einmal /
Dort wirstu sehen nach deim gfall.
M a r. Was? Wird ich dort den Garten sehen?
D a m. Nichts / nichts / hör was noch vor mueß
235 Dort wirstu sehen einen Mann /   [gschehen.
Deß Namen ich kaum nennen kan /
Der haist der Hoplitodromus
Megaloperphronesterus
Der newlich ist ankommen da
240 Auß Piropolitoxia.
M a r. Haist er der Hoplitodromus
Megaloperphronesterus
Ho ho / was ist diß für ein Namen /
Wann müeßt ich jhn doch bringen zamen?
245 Ich glaub ich hett von Morgens an
Biß auff die Nacht zuschaffen dran /
Biß das ich jhn recht buechstabiert /
Vnd ohne fählen pronunciert.
[10] D a m. Drumb nimb ein Liecht vnd Zehrung mit /
250 Wann du darinn wilst jrren nit.
Doch ist dem also / glaub mir drumb /
Wie ich sag / oder ich sey nit frumb.
M a r. Dort wird ich dann den Doctor finden?
D a m. Nichts / nichts / du bleibst noch weit dahinden.
255 Dann wo der Doctor sey zu finden /
Wirstu dort erst erfragen künden.
Merckstus jetzt wol / verstehstus eben?
Hab ich dirs gnueg ins Hirn geben?
M a r. Ich faß zwar hart ins Hirn doll /
260 Jedoch / so mueß ichs bhalten wol /

Der I. Act. Die 1. Scena.

  Wil anderst ich nit Hunger leiden /
  Vnd kommen zu dem Tisch bey zeiten.
  Ich gehe / vnd wil nit setzen auß /
  Biß das ich find den Garten drauß /
265 Vnd ich den Doctor hab erfragt /
  Wie mir der Baggt hat gesagt.
  Ey / ey / die Pestilentz vergifft /
  Hat böses vbel angestifft /
  Den Doctor auß dem Hauß gejagt /
270 Vnd macht / das mich der Hunger plagt.
  D a m. Jetzt hab ich abgefertigt wol
  Den Tellerschlecker wie ich soll;
  Der meinem Herrn so vil abfrißt /
  Vnd doch sein höchsts verderben ist.
275 Mein Herr ist drinn zum Tisch gegangen /
  Vnd wart diß Fraßhunds mit verlangen /
  Hat mich darumb geschicket auß /
  Daß ich jhn bringen soll zu Hauß /
[11] Will von jhm liegen Maisterlich /
280 Er hab nie lassen sehen sich /
  Acht nit wohin der Fresser geh /
  Oder was mir darumb gescheh.
  Gleichwol ich gar kein zweifel han /
  Es werde mir nit lär hingan /
285 Gut Stöß vnd Püff wird ich noch kriegen
  Für diß mein dichten vnd mein liegen /
  Wann ers wird sagen meinem Herrn /
  Der jhm glaubt ohne das so gern.
  Frag aber eben nichts darnach /
290 Wann ich schon dapfer Straich empfach /
  Mein Buckel ist es wol gewohnt /
  Dem sonst gar selten wird verschont.
  Es lacht mir doch das Hertz im Leib /
  Wann ichs richt das er draussen bleib /
295 Will gern entrathn den besten Pratn /
  Wanns nur Mariscus auch muß grathen.

DIE 2. SCENA.

Hypocrisis die Gleißnerey.
Panurgus der HauptTeufel.
Astherot } *Zween GsellenTeufel.*
Asempholot

Die Gleißnerey als ein höllische Furia kombt auß der Höll herauß / rüefft die Teufel zusamm / erzehlt jhnen wie sie den Doctor Cenodoxum so listig einführe / vnd auff jhr seiten bringe / darob die Teufel sehr groß gefallen haben.

[12]
    H y p o c. Auß tieffer Höll herauff ich kumb /
    Vnd schaw mich in der Welt herumb /
    Damit ich vbral schaden thue /
300   Jhr Gsellen mein herzue / herzue /
    P a n. Wer rüefft vns auß der Höllen rauß
    Was ist abermal kommen auß?
    Wer ist so keck das er der Höllen
    Gebietten darff vnd meinen Gsellen?
305   A s t. Hie bin auch ich / was will man mir?
    Diß rueffen kombt mir seltzamb für.
    A s e m. Wer darf sich da so hoch erheben
    Daß ich vmb sein Gescheff't soll geben?
    H y p o c. Ich die ich bin die Gleißnerey
310   Rueff euch herauß / kombt all herbey.
    Vmb ein anschlag will ich euch fragen
    Oder euch meinen Anschlag sagen.
    P a n u r g. Sag an / es sey Wort oder Werck /
    Wir helffen mit List vnd mit sterck.
315   Wir seynd schon längst darzue berait /
    Wie du vns geben wirst bescheid.
    H y p. Ein newer Anschlag ist bestellt /
    Darmit ich jetzt verführ die Welt /
    Vnd thue dardurch so grossen schad /
320   Das man der sach find nimmer rath.

Der I. Act. Die 2. Scena.

O m n e s. Wir helffen allesamen dir /
H y p o c. Was ich gut mach / verderbt jhr mir /
Wann jhr nit alles fleissig thüet /
Was ich euch schaffe vnd gebiet.
O m n e s. Schaff was du wilst zu allerzeit /
Seynd wir gantz willig vnd bereit.
H y p. Die aigne Lieb mueß sein mein Gfert /
Die andern Schwestern seynd nichts werth.
Die Tyranney / die Grewlichkeit /
Die müssen dannen weichen weit.
P a n. Wie da? Wie haben sies verschuldt?
H y p. Sie habn zuuil der Vngedult;
Vnd gehn gar zu ainfältig drein /
Vil listiger mueß man jetzt seyn.
Ich gib den Leuten süsse Wort /
Führs also zum verderben fort;
Die Tröpfin machens gar zu laut /
Die Leut die förchten jhrer Haut:
Jhr wüeten / toben ist vmbsunst /
Es gilt nit mehr jhr alte Kunst.
Jetzund man nichts mehr auff sie helt:
Sie gelten nur bey alter Welt.
Weil noch die Vätter vnd die Mütter /
Weil noch die Schwester vnd die Brüder
Einander würgten ohne scheuch
Vmb Land / vmb Leut / vmb Königreich.
Es ist jetzt vil ein andere Zeit /
Vnd sampt der Zeit vil andere Leut.
Zu jhren Lastern brauchen sie
Ein newes Haupt / ein newe Mühe;
Diß Wild das braucht deß gschrays nit vil /
Man muß allda fein gehn subtil /
Das hab ich längst schon außgespecht.
O m n. O Gleißnerey sagst du so recht.
A s e m. Wer ist so gschickt? H y p. Ich selber bin /
Ein solche gschickte Maisterin /

[14] Ich gib der Welt die besten Wort /
Biß das ichs bring ans ärgest Orth.
Das laß ich jhr alßdann zu letz /
360 Ein gantzen hauff bring ich ins Netz.
Ich ich die höllisch Gleißnerey
Steck Schalckheit voll vnd Büberey /
Voll Laster / voll Betrug / voll List /
All schädlichs vbel in mir ist /
365 Was alle Teufel können nicht /
Hab ich allainig außgericht.
In Summa will euch zaigen an
Wie starck ich bin vnd was ich kan:
Ja auch die Tugenten so gar
370 Zu meinem Handel helffen zwar.
Mit Tugenten wachs ich recht auff /
Beyn Tugenden ich mich verkauff;
Beyn Tugenden ich mich ernehr /
Sie braitten mich auß weit vnd ferr.
375 Was man guts thut / ich selber lob /
Ich rath darzu vnd halt darob /
Ich vnderweiß / vnd treib auch an /
Die Frombkeit ich zum höchsten spann;
Wie nähner ichs doch führ hinan /
380 Dest weiter führ ich sie daruon.
In dem ich lehre / recht zuleben /
Lehr ich sie vnrecht thun darneben.
In dem ich hab die Tugent lieb /
Verhaß ich sie / weil ich sie veb;
385 Vnd maint sie bstehe gar wol vor Gott /
Erwürg ich sie erst recht zu todt.
[15] Auch gilt mir nit ein jeder gleich /
Nimb mich nur an vmb Tugentreich.
Die sich gedunken heilig seyn /
390 Die gehn mir offt vor andern ein.
Auch wöhr ich jhnen nicht darneben
Daß sie fromb vnd gottselig leben /

Der I. Act. Die 2. Scena.

    Wann man nur also lebt hinan /
    Daß man noch vbel sterben kan.
395 O m n. Weit weit bist vber vns allsam
    Wann vnser tausent kämen zusam.
    H y p. Eben diß ist der rechte brauch /
    Den ich an jetzt für mich nimb auch.
    Den Cenodoxum hab ich gfangen /
400 Der ist mir in mein Garn gangen.
    Den fang hab ich dem Wild gegeben
    Ich hab jhm griffen nach dem Leben.
    O m n. Was ist das für ein Wildpret frisch?
    H y p. Man bringt es nit auff alle Tisch:
405 Es ist ein stattlichs Herrenbißl /
    Schickt sich trefflich auff vnser Schüßl.
    Diß Richtlein ist vns schon gewiß /
    Es ist der Doctor von Pariß /
    Der gwißlich nit hat seines gleich /
410 In disem gantzen Königreich.
    P a n. Was thut er dann? möchts auch wol hörn.
    H y p. Allo was ich schaff das thut er gern.
    Er sucht er tracht / helt alle spech /
    Daß man jhn nur für gut ansech.
415 P a n. Will ers auch seyn. H y p. Das acht er nicht /
    Wann er den Leuten ist im Gsicht /
[16] Da ist er aller Tugent voll /
    Damit man jhn nur loben soll;
    Ist aber niemand da vmb jhn?
420 So ist auch alle Tugent hin.
    Schön simuliern / dissimuliern /
    Verdecken / bergen / vnd fingiern /
    Auff niembd nichts halten / nur auff sich /
    Wölln gsehen seyn von mennigklich /
425 Erschricken vnd erblaichen sehr /
    Wann man eim anderen gibt die Ehr.

407 Richtlein = kleine Mahlzeit.
413 helt alle spech = hält eifrig danach Ausschau.

Das seinig loben / herfür schmucken /
Was aber frembd ist / vntertrucken /
Das seinig hoch ansehlich achten /
430 Das frembd verklienern vnd verachten /
Nit leiden wöllen seines gleichen /
Wann jhm auch schon der nechst wolt weichen /
Das kan er alls so maisterlich /
Das er kund selber lehren mich.
435 Vnd das ja ist das allermaist /
So gar an jhm selbst er nit waist /
Wie jhn dermassen also sehr
Hab gnommen ein die eytel Ehr.
P a n. Gar recht: Bestättigt ist das Wild.
440 H y p. Geht nur hin / wann mein fürtrag gilt.
O m n. Wir gehn wohin es dir nur gfelt /
Schick vns auß durch die gantze Welt.
H y p. Geht jetzt nur hin vnd seyd mit rhue /
Biß ich euch wider rueff herzue.
445 Die letzten Fallstrick vnd das Endt /
Mueß ich beraiten gschwind vnd bhendt /
[17] Ohn allen zweifel ich jetzt will
Ein schöns End machen disem Spil /
Hinauß muß gehn nach meinem Sinn /
450 Jetzt setz ich dran; geht jhr nur hin.

---

430 verklienern, in obdt. Mundarten häufig klîn für klein.

DIE 3. SCENA.

Cenodoxus der Doctor.
Philautia die aigen Lieb.

Cenodoxus der Doctor berühmbt sich seiner schönen von Gott empfangnen Gaben / verachtet andere neben sich. Darzu blast jhm die aigne Lieb vil hoffärtige Gedancken ein.

    D o c t. Offt mancher kan nit ruhen wol /
Dieweil er ist der Sorgen voll.
Ein anderer der kan nit schlaffen /
Weil jhm sein vnfall gibt zu schaffen /
455 Ich / hab kein Rhue vor lauter Glück /
Das mir zustreicht so offt vnd dick.
Ja mennigklichen halt darfür /
All Gnad vnd Gab sey nur in mir.
Daher man stets nach mir thut fragen /
460 Nur mich will man auff Händen tragen.
    P h i l. Recht billich man dich also ehrt /
Die Tugent ist diß alles werth.
    D o c t. Wo ich nur geh / wendt mennigklich
Die Augen allenthalb auff mich:
465 So wol das Alter als die Jugendt.
    P h i l. Ja gwißlich auff dein hohe Tugendt.
    D o c t. Mit Fingern zaiget man auff mich /
Vnd jederman verwundert sich.
Ey / sagen sie / ist das der Mann /
470 Den die gantz Statt schier bettet an.
    P h i l. Nit nur die Statt; die gantze Welt.
    D o c t. Den man fürs Haupt der Glehrten helt.
    P h i l. Man helts nit nur / man waiß es gwiß.
    D o c t. Was sag ich noch? Auch vber diß
475 So sucht man bey mir hülff vnd rath /
Ja mennigklich bawt auff mein Gnad.
    P h i l. Du bist halt der fürtrefflich Mann /
Der jederman wol helffen kan.

Der I. Act. Die 3. Scena.

D o c t. All Heiligkeit die scheint auß mir.
P h i l. Der Heiligkeit selbst bist ein Zier.
D o c t. Das helle Liecht im Königreich.
P h i l. Ja dessen glantz der Sonnen gleich.
D o c t. Deß Königs Hertz / Sinn vnd Gemüt.
P h i l. Der das gantz Königreich behüt.
D o c t. Nun dises vnd dergleichen mehr
Redt man mir alls zu Lob vnd Ehr /
Das gfällt mir auß der massen wol /
Drumb mich kein Mühe nit tauren soll /
Damit ich nur diß Lob behalt /
Das mir im Landt gibt jung vnd alt.
P h i l. Recht schön ist es vnd steht gar fein /
Bey mennigklich hoch angesehen seyn /
Wem soliches das Glück beschert /
Kost was es wöll / ists alles werth.
D o c t. Zu disem Endt halt ich mein Wacht /
Schier stets in Büchern Tag vnd Nacht.
P h i l. Was wird durch Menschen Lob bekannt /
Kan nit vergehn / es hat bestandt.
D o c t. Dannoch wie mit so schlechter Mühe
Wie grosse Würdigkeit allhie
Wie groß Ansehen / Herrlichkait /
Hab ich erlangt sehr weit vnd brait.
Fürs rechte Leben halte ich /
Daß meine Werck vnd Thaten mich
Versterben lassen nimmermehr /
Diß ist allein das ich begehr.
P h i l. Wann es schon wär der Willen dein /
So konds doch nit verborgen seyn.
Die Tugent ist dir eingepflantzt /
Die allenthalben an dir glantzt.
Du wöllest oder wöllest nicht /
Groß Lob vnd Preiß man dir doch spricht.
D o c t. O höchster Gott im Himmel droben /
Mit höchstem Danck thue ich dich loben /

Der I. Act. Die 3. Scena.

515 Das mich dein Göttlich Majestat
Mit solchen Gnaden zieret hat /
Das mich drumb neydet mennigklich
Vnd doch bin keinem neydig ich.
P h i l. Diß Glücks ist dises Hertz wol werth /
520 Dem Glück ist solches Hertz beschert.
D o c t. Die armen Leut mich lauffen an
Als Vattern der jhn helffen kan:
Sie bitten mich demütigklich /
Sie preisen / loben / lieben mich.
525 Damit ich jhnn zu hilffe kumb /
Spendier ich Gelts ein grosse Summ.
Ich laß mich gar nit bitten / ja /
Mit gebender Hand bin ich gleich da /
Ehe das mich spricht ein Armer an /
530 Hab ich jhm offt gegeben schon.
P h i l. Die Tugendt der Barmhertzigkait
Hat sich schon gantz in dich verklaidt.
D o c t. So leb ich auch gar mässigklich /
Mit schlechtem laß ich gnügen mich.
535 Vil köstlicher seltzamer Trachten
Thue ich mich gar mit nichten achten.
So brich ich mir auch ab an Wein /
So bhutsamblich als müst es seyn.
Möcht einer kaum mein Mahlzeit kennen /
540 Vnd es nur ein Collatzen nennen.
Man halt / der billigkeit gemeß /
Ich sey der mässig Socrates.
P h i l. Ja wol auß / auß mit Socraten,
Wann man dir wolt vergleichen den /
545 Vnd man jhn gegn dir halten soll /
Ein Fresser / Sauffer war er wol.
D o c t. Wie ist nun auch so schöne Weiß
Bey solchem hohen Lob vnd Preiß

---

535 Trachten = 1. Kleidung, 2. Gänge bei der Mahlzeit.
540 Collatzen = Imbiß.

            Nichts vbermütigs an sich haben /
550   Diß seynd ja trefflich schöne Gaben.
            Seins Glücks sich vbernemmen nicht /
            Gedencken / Glaß vnd Glück bald bricht /
            Der guten Wolfahrt also gniessen /
            Als möcht mans noch entrathen müssen.
555   Das hab in acht genommen ich
            Zu jederzeit gantz fleissigklich /
            Samb hett ich all mein gantzes Leben
            Auff jede Tugend gantz ergeben.
            P h i l. Ein solches Lob ist selten fail /
560   Wird dennoch manchem auch zu thail
            Ders nit verdient; hie ist es wahr /
            Vnd wär noch vil warhaffter zwar
            Solch jetzt erzehltes Lob vnd Ehr /
            Wanns wär noch grösser vnd noch mehr.
565   D o c t. Durch also löblich ehrlich Mittl
            Hab ich getracht nach Ehrentittl /
            Vnd ist sich zuverwundern nicht /
            Das man mir drumb vil Lobes spricht /
            Vnd mich hat lieb vnd schön die Welt /
570   Dieweil es auch Gott selber gfelt.
            P h i l. Ja freylich / diß kein zweifel hat /
            D o c t. Vor Arbeit bin ich müd vnd matt.
            Derwegen will in Garten ich /
            Im Schatten zuerquicken mich.

557 samb = als ob.

Der I. Act. Die 4. Scena. 27

DIE 4. SCENA.

Dama der Laggey.
Cenodoxus der Doctor.
Mariscus der Schmarotzer.
Labeo vnd Naso zween Diener.
Dropax, Smilax zween Steckenknecht.

Dama der Laggey erzehlt dem Doctor mit gelegenheit | es hab Mariscum den Schmarotzer ein wütiger Hund gebissen | vnder dessen kombt Mariscus zornig vnd wütig daher | will den Laggey tod haben | weil er jhne also in April geschickt | der Doctor aber vermaint | er sey [22] von einem Hundsbiß so wütig | läst jhn zu den Vnsinnigen führen.

575 D a m. Ist nit mein Herr an disem Orth?
D o c t. Hör Dama. D a m. Halt wer rüfft mir dort?
Es ist mein Herr: Ist eben gut.
Der Handel sich fein schicken thut.
D o c t. Was ist es / Jung? Sag was man will?
580 D a m. Beym Thor warten der Leut gar vil /
Die all begeren nur allein
Bey Ewer Gnaden selbst zuseyn /
D o c t. Waistu auch Dama von wesswegen?
D a m. Es wolten etlich gern raths pflegen /
585 Etlich vmb hilff vnd steüer bitten /
Auch andere / nach löblich Sitten /
Bringen Verehrung vnd Geschenck /
Darbey jhr Gnad auch jhrer denck /
Da warten sie beständigklich /
590 Kainr will abweisen lassen sich /
Vnd geben für sie können nit
Von dannen weichen einen tritt /
Biß sie vernemme ewer Gnad
Vnd jhnen gebe hilff vnd rath.
595 D o c t. Seynd vnter jhn auch fürnemb Leut?
D a m. Ja gwißlich. C e n. Wie ich sagt erst heut /

Also ist jhme: Früe vnd spat
Laufft man mich an vmb hülff vnd rath /
Man consuliert / man fragt / man bitt /
600 Meiner kan man entrathen nit.
Geh hin vnd sag ich komb alßbald.
D a m. Auß jhnen einer sagt was gstalt
[23] Ein Casus vnserem bekanten
Dem Marisco sey zugestanden /
605 Den ich zum Tisch für Ewer Gnad
Hab außgesucht die gantze Statt /
Vnd jhn doch nirgends habe können
Weder oben noch vnden finden.
D o c t. Ist jhm was gutes widerfahrn?
610 D a m. Ach nit vil guts dem frommen Narrn.
Ein winniger vergiffter Hund
Hat jhn gebissen vor zwo Stund.
D o c t. Für diß ist bald ein hilff gemacht /
D a m. Er hat es aber nit geacht /
615 Vnd hat zu lang nit helffen lassen /
Darauff er dann erschrockner massen
Zu wüten / toben gfangen an
Gleich eim zerritten bsessnen Mann /
Den Marcktplatz auff vnd abgeloffen /
620 Vnd wen er nur hat angetroffen
Mit gschrey vnd wüet zu boden gschlagen /
Das thue ich drumb Jhr Gnaden sagen
Damit sie könne hüten sich
Vor dem vnsinnign Wütterich.
625 Er ist kein Mensch halt ich darfür /
Ja wilder dann ein wildes Thier.
D o c t. Fürwar es ist mir laid für jhn /
D a m. Dort kombt er her. Wo wil er hin?
Wie schwitzt / wie tobt / wie schnauffet er?
630 Vnd wendt die Augen hin vnd her?

611 winniger = tollwütiger.
618 zerritten = irren.

Der I. Act. Die 4. Scena.

M a r. Ich will / ich will / ich will / ich will.
D a m. Hört Jhr Gnaden was für ein Spil?
M a r. Ich wil den Buebn / ich wil den Strick.
D a m. Ach Herr / wie reit jhns Vngelick?
D o c t. Ich förcht mir / rueff die Diener her.
M a r. Zu tausent stucken vnd noch mehr
Wil ich zerreissen den Bößwicht /
Der mir diß Spil hat zugericht /
Den losen Bueben / so bald ich
Jhn nur antriff / dann er hat mich:
D a m. Herauß jhr Knecht was jmmer kan;
N a s. L a b. Was wil man vns? da seyn wir schon.
D o c t. Er kehrt sich wider von vns weck.
D a m. Er kombt. D o c t. Jhr Diener seyd nur keck /
Vnd thut jhm dapfer widerston /
D a m. Ach jaget jhn beyzeit daruon /
Das er nit her zu nahend gehe /
Wie wüet er / wie gschicht jhm so wehe.
M a r. Bue / Bue der Hoplitodromus
Megaloperphronesteros,
In Piropolitoxia
Mueß dir dein Leben nemmen da.
D a m. Secht wie er redt so seltzam Wort?
M a r. Hebt mich nur nit / vnd last mich fort /
Hin vber disen Bueben gschwind /
Der mich also: D a m. Ich glaub er künd
Vor lauter Schmertzen reden nicht /
M a r. Ich wil schon reden du Bößwicht /
Du wirst es noch erfahren bald
Mit deinem schaden. N a s. Halt halt halt.
M a r. Der du mich also hin vnd her /
Jetzt auff / jetzt ab / so weit vnd ferr /
Jetzt ein / jetzt auß / vnd hin vnd wider /
Hindersich / fürsich / auff vnd nider /
D a m. Es reimbt sich nichts nit vberall:
Wie ist Tobsucht so vbler fall!

Mar. Durch enge Weeg / durch weitte Strassen /
Durch Bogen / Thuren / Marckt vnd Gassen
Mich vmbgetriben. Dam. Lieber Gott /
670 Der Hundsbiß bringt jhn in die noth /
Diß vbel hat jhm mein gestalt
Starck eingebildt vnd fürgemalt /
Es war jhm als ob ich jhn jag /
Vnd etwann mit der Rueten schlag;
675 Ist jhm für vbel zhalten nicht /
Wie Sinnberaubten offt geschicht.
Doct. Es ist zuglauben. Haltt jhn wol /
Villeicht er sonst außreissen soll.
Mar. Last mich an / was hab ich verschuldt?
680 Herr Doctor ich rueff an dein huld.
Doct. Seht an in seiner furi hoch
So kan er doch mich nennen noch /
Was thut nit dLieb? Dam. Vor laid kan ich
Deß wainens kaum enthalten mich /
685 Wann ich gedenck das gestern spet
Er sein Verstandt gar gut noch het /
Vnd jetzt so gähling ist verwendt.
Mar. Wer ist verwendt / du Element /
Ich wil dir klopfen deinen Grindt /
690 So bald ich mich nur frey befindt.
Dam. Ach haltet jhn mit gutem fleiß /
Damit er euch nur nit außreiß.
[26] Doct. Last jhn ins Ketterl führen hin /
Damit er niemand schaden kün.
695 Mar. Ach Doctor bist vnsinnig auch?
Dam. Gnad Herr / es ist der Kranckheit brauch.
Ach wie er grißgrambt. Mar. Ich bitt doch
Last mich ein kleines reden noch:
Ey soll ich dann vnsinnig seyn?
700 Der alles kan erzehlen fein

693 Ketterl = Gefängnis, Narrenhaus.

Der I. Act. Die 4. Scena. 31

    Der Ordnung nach gantz wolgestelt /
    Was du mir alles hast erzehlt.
    D a m. Was ist es dann? Sag an wies kert;
    M a r. Der Koch sey gfallen vor dem Herdt /
705   Vnd vrblitzling gestorben drauff.
    L a b. Der Koch war niemal besser auff.
    D a m. Secht wie vor lauter schmertzen er
    So gar hab kein Memori mehr?
    Was noch? M a r. Der Sterb regier im Hauß. [drauß.
710   D o c t. Nichts. M a r. Vnd hab euch all vertriben
    D o c t. Nichts. M a r. Du Doctor seyest in den
    Vnd thust mein mit dem Essen warten. [Garten
    D o c t. Nichts. M a r. Nix / Nix / nix nix / Ich wirs
    D o c t. Freylich hat jhn ein Hund gebissen. [ja wissen.
715   Wie hat der Tropf so seltzam Traum /
    Wann ichs nit säh ich glaubt es kaum.
    Was er sagt in der furi hie
    Ist deren keins geschehen nie.
    N a s. Er ist zerrütt man sicht es wol.
[27]
721   M a r. Jhr Lappen ich glaub jhr seyd doll
    Ja gar vnsinnig vnd nit ich.
    D a m. Ach wie tobt er so schröcklich.
    D o c t. Wie ichs befohlen führt jhn hin.
    Ich wil gehn sehen wer darin
725   Zu mir beger. Du geh auch mit.
    M a r. Jhr Burger hilfft mir niemand nit?
    N a s. Brauchstu nit alle Kräfften dein /
    So wird er vns zu starck noch seyn.
    L a b. Ey Naso halt du nur wol an /
730   Nit leicht er mir außreissen kan /
    Wann er noch so vnsinnig wer.
    M a r. Jhr Burgersleut kombt doch allher /
    Vnd helfft da der Vnschuldigkeit.
    N a s. Solst sagen der Vnsinnigkeit.
735   D r o p. Was für ein Zanck erhebt hie sich?
    M a r. Für ein Vnsinnign helt man mich /

Der ichs doch nie gehabt im Sinn /
Auch nie vnsinnig gwesen bin /
Mein sagt mir doch was duncket euch
740 Sih ich dann eim Vnsinnign gleich?
S m i l. Ja warlich schier. L a b. Er ist nit gsund /
Ist bissen von eim winnign Hund.
M a r. Wer ich? L a b. Ja du. M a r. So hab ich je
Drey Tag kein Hund angrührt nie /
745 D r o p. Wann nur dich der Hund angrührt hat.
S m i l. Man sicht es gnugsamb an der stat
Das er ist wüettig / bleckt die Zähn.
M a r. Ich bin nit wüettig / lasts mich gehn.
N a s. Hüet Dropax / das er dich nit trifft /
[28] Dann solche Biß die seynd vergifft.
751 D r o p. Ich will jhm / wird er an mich setzen /
Die Zähn mit disem Hammer wetzen.
S m i l. Wolan / wolan / wir wöllen jhn
Wie vns befolchen / führen hin
755 In der Vnsinnign Kötterlein /
Darinn dergleichen Leut schon seyn.
M a r. Von dannen bringt jhr mich kein tritt /
Ich sag euchs / ainmal geh ich nit.
D r o p. Ghab dich wol / wöllen dich schon tragen /
760 Du Smilax nimb jhn bey dem Kragen.
M a r. Ich geh nit / ich geh nit / ich gehe nit /
Ich geh nit / geh nit / ich gehe nit.

---

739 Mein = Anredeformel für jeden, dem man freundlich gesinnt ist
(mhd. mîn geselle).

DIE 5. SCENA.

Cenodoxophylax deß Doctors SchutzEngel.
Conscientia das Gwissen.

Der SchutzEngel sorgt vmb Cenodoxum: schickt jhm das Gwissen zu Hauß | sträwet etliche Zettele nider | darauff schöne Sprüch auß heiliger Schrifft wider die Hoffart.

 C e n a x. Mein Pflegkind schwebt in grosser gfahr /
 Darumb komb ich bey zeiten dar /
765 Das ich wo müglich jhn erhalt /
 Jhm beystehe wider Höllen gwalt /
 Deß Lucifers vnd Sathans hauff
 Jhr List vnd Anschläg haben drauf /
 Wie sie jhn möglichister massen
770 In jhre Klatten mögen fassen.
[29] Damit sie jhn hinunter stürtzen /
 Vnd an der Seeligkeit verkürtzen.
 O wie bemühet sich so sehr
 Das höllisch Gsind je mehr vnd mehr!
775 Der Feind der wachet Tag vnd Nacht /
 Dem Menschen sein verderben tracht /
 Doch schläfft der Mensch ohn sorg hinan /
 Als geh jhn alles nicht nit an /
 O wie gar offt müst er verderben /
780 Vnd ohne mittel / ellend sterben /
 Wann wir nit stets beschützten jhn /
 Daß er nit fall in Vnglück hin /
 Durch Fewr / durch Schwert / durch List / durch [Gifft /
 Vnd das er sonst nit vnrath stifft:
785 Gibt sich all Tag in gfahr hinauß /
 Vnd waiß doch nit wer jhm hilfft drauß:
 Zu seiner Zeit wird er es doch
 Mit laid auch jnnen werden noch.

770 Klatten = Krallen.

Der I. Act. Die 5. Scena.

Jetzt geh ich / will nach meinem brauch
Dem Cenodoxo helffen auch /
Komb her / du Gwissen / da herein /
Laß dir diß Hauß befolchen seyn.
C o n s c. Was soll ich dann darinnen machen?
C e n a x. Auff Cenodoxum soltu wachen /
Vnd jhn antreiben aller massen /
Jhm Tag vnd Nacht kein Ruhe mehr lassen.
Das Förchten soll er lehrnen vil /
Weil jhm die Lieb nit eingehn will.
C o n s c. Ja wol / das ist vorhin mein brauch /
Kein fleiß will ich da sparen auch.
C e n a x. Tring dapfer drauff vnd heng dich ein /
Biß er absteht von Sünden sein.

Das Gwissen geht hinweck / der SchutzEngl redt weiter allainig.

Nun diser Wurm der soll jhn plagen
Sein Hertz ohn vnterlaß zernagen.
Dergleichen Gwissenangst vnd Pein /
Jagn wir zuweiln den Menschen ein;
Sie wissens aber / laider / gschwind
Vnd leicht zuschlagen in den Wind:
Jedoch thun wir das vnserig.
Ach was ist diß das ich da sich!
Wohin ich mit den Augen blick /
Sih ich herumber lauter Strick /
Wer nit vil hundert Augen hat /
Der sihet dise gfahr zu spat:
Ich waiß es wol / es fählt mir nicht /
Sie seynd auff Cenodoxum gricht /
Darein er sich verwicklen soll
O säch ers auch wie jch / so wol!
O grosse gfahr! Der Mensch sichts nit /
Wir Engel sehens / doch damit

---

799 vorhin = ohnehin.

Der I. Act. Die 6. Scena.

    Ich meines thails nichts vnterlaß /
    Vnd auch mein hilff thue guter maß /
    So will ich vnter disen Stricken /
    Etlich gut Saamen lassen blicken /
825 Die er soll sehen vnd finden wol /
    Vnd ohn gfehr gschehen / mainen soll /
[31] Was ich mit sonderm fleiß gethan:
    In Gottes Nam wirff ichs hinan.
    Ach wachset auff in guter Erd /
830 Damit ein reicher schnitt drauß werd.

DIE 6. SCENA.

Panurgus der HauptTeufel.
Hypocrisis die Gleißnerey.
Philautia die Aigne Lieb.

Der Teufel verwundert sich / daß er diser zeit ein solchen Schnitt von verdambten Seelen hat; rüefft die Gleißnerey vnd aigne Lieb zu sich / weil jhn verlangt zu wissen / wie es mit dem Doctor ein fortgang habe: Werden vnains / weil das Gwissen vnuermerckt zum Doctor hinein geschlichen.

    P a n. Hui wie reißt auff der Höllengrund
    So schröcklich seinen Drackenschlund!
    Der je gantz vnersättlich ist /
    Wie mehr er hat je mehr er frist.
835 Es suechen / tragen all mein Gsellen /
    Sie ziehen / reissen hin zur Höllen
    Alls allenthalben vmb vnd vmb /
    Deß Raubs ist ein sehr grosse Summ /
    Von Menschen / die ohn vnterlaß
840 Hinunter fallen wie das Graß /
    Als wann der Wind daß Hew vmbweilt /
    Wie Regen auß der Wolcken eilt /

Das ich hoch in verwundern stehe /
Wie noch ein Mensch auff Erd vmbgehe /
Wann ich herauff von meiner stöll
Komb widerumben auß der Höll /
Kan ich mich gnueg verwundern nit /
Das vbrig noch so grosser schnidt
In d'Höll zuführn / als wann bißher
Noch nie kein Schnitt gewesen wer.
Ist doch jetzt gar vonnöthen nit /
Daß ich mich vil bemühe darmit /
Von jhnen selbst der maiste thail
Verschlaudern jhr ewigs hail.
Dahero deren wenig seynd /
Die etwas widerstehn dem Feind /
Mir dennoch leichtlich fallen bey /
Durch aigne Lieb vnd Gleißnerey.
Mir ist gar seltzam waiß nit wie:
Ja gwißlich ist gewesen hie
Ein Engel / mein geschworner Feind /
Der hat diß Hauß new eingezeint.
Der Paß nit offen ist so gar /
Wie er zuuor gewesen war /
Es treibt mich widerumb zuruck
Ein frembde Krafft / ein haimblichs stuck!
Ey ey: Das hab längst gforchten ich /
Er werd vmb mein Raub bringen mich.
Botz secht da seltzam Briefelein /
Die gwiß für jhn her gsträwet seyn /
Ja freylich ja / pfui pfui / ich zauf /
Ich kans wol gar nit heben auff.
Jetzund hab ich schon satten bhricht /
Was drinnen bey dem Doctor gschicht.
Philautia, Hypocrisis,
Kombt her / secht zue / was ist doch diß?

871 zauf = weiche.

Der I. Act. Die 6. Scena. 37

    Du aigne Lieb / du Gleißnerey /
    Wo seyd jhr doch / kombt gschwind herbey /
    Ey ey / ey ey; ey ey / ey ey /
880 Was helt dich auff / O Gleißnerey /
    O aigne Lieb / wo seyds so lang?
    Wie wird mir nit allda so bang?
    Kombt doch. Glaub sie seyn ghörloß worden /
    Helt sie ein gwalt auff / ander orthen?
885 Kombt eylends baid / seyds noch nit hie?
    So vngehorsamb warens nie;
    Vor waren sie in allen Gassen /
    Jetzt will sich keine sehen lassen.
    Bey tausent Teufeln / wo seyd jhr?
890 Jhr beyd HöllTeuflin kombt herfür.
    H y p. Was ist doch nötigs kommen auß?
    Daß wir so eylends müssen rauß?
    P h i l. Der Doctor ziecht mich da zu sich /
    Da will ein andrer haben mich.
895 P a n. Ich / hab gerueffen alle beed /
    Dann mich vnd euch zugleich angeht /
    Was vns befilcht der Lucifer
    Das höchst Haupt / mein vnd ewer Herr.
    Wo seyds so lang? Was hat euch gjrrt?
900 H y p. Wir waren sehr starck occupiert.
    P a n. Diß eben ist das ich will wissen /
    H y p. Beym Doctor waren wir geflissen.
    Der bsinnet sich vnd helt sich jnn /
    Ist nit so ghorsamb als vorhin.

[34]
906 P a n. Das hat nur ewer Faulkeit gmacht /
    H y p. Ja freylich du hast vbel gwacht /
    Vnd hast den Feind gelassen ein.
    P a n. Mainstu villeicht den Engel sein?
    H y p. Ja disen / vnd zwar nit allein.
910 P a n. Wer dann ist noch sampt jhm hinein?
    H y p. Das Gwissen. P a n. Ey Ey: Ey Ey Ey /
    Was thut der Cenodox darbey?

Bewegts jhn auch? Kehrt er sich dran?
H y p. Bißweiln fangt er zuzweifflen an /
Erschrickt / vnd geht jhm zu ein grauß /
Schlagt vnsern rath vnd mainung auß.
P a n. Gehts flux hin / es ist einmal wahr /
Bey lang verziehen ist gefahr:
Braucht noch zumaln all ewren fleiß
All listig stücklein schwartz vnd weiß:
Vnd jagt das Gwissen auß dem Hauß /
Sonst ist es gwißlich mit vns auß /
Entzwischen will ich simuliern /
Meim Obristen nichts referiern /
Geht hin vnd kombt herwider nit /
Biß das auch kombt der Doctor mit /
Ist alls verlorn vnd auß vmb mich
Wann ich nit sein verderben sich.

Der ander Act.

DIE 1. SCENA.

*Guarinus vnd Philaretus zween Studenten.
Mariscus der Schmarotzer.*

Die zween Studenten wöllen zum Doctor gehn | vnderwegen begegnet jhnen Mariscus der Schmarotzer | den fragen sie | wie jhn die Vnsinnigkeit wider verlassen.

G u a r. Wer geht dort gegen vns daher?
P h i l a r. Es ist Mariscus, einmal der /
Der Possenreisser geht herauß
Auß disem so glückselign Hauß.
5 O mein Marisc so bistu dann
Der vberauß glückselig Mann?
M a r. Wie da? P h i l a r. Das du so wol bist dran
Bey disem hochgelehrten Mann.
M a r. Bey wem? P h i l a r. Bey Cenodoxo glert /
10 Hat er weil / das er vns anhört?
M a r. Gar wol; gehn eben jetzt dahin /
Die auffgehalten haben jhn /
Mit wichtigen vnd hohen Fragen /
Vnd was sie sonst bedencken tragen.
15 G u a r. Mich frewt / Marisc, zu diser Stund /
Das du bist wider frisch vnd gsund.
M a r. Wer ich? War ich dann kranck einmal.
G u a r. Man ist ja kranck in solchem fall /
Wann man vnsinnig tobt vnd wüet?
20 M a r. Wer sagts von mir? das mich Gott bhüet!
G u a r. Was hast gebraucht für Artzeney?
M a r. Zu wem? G u a r. Zu deiner Wüetterey.

Mar. Kein Artzeney war mir nit noth /
Was denckt jhr doch? Ey Gott ey Gott!
25 Guar. So bist von dir selbst widerumben
Zu deim Verstand vnd Sinnen kummen?
Mar. Hab ich sie doch verloren nie /
Guar. Du schämbst dich freylich. Wer wolt hie
Dir von den Jungen oder Alten
30 Ein solches doch für vbel halten?
Gschicht bald daß einen beist ein Hund /
So du nur wider bist gesund.
Was laugnest lang / dieweil daruon
Waiß in der Statt schon jederman.
35 Mar. Man hat ein dichte sach auffklaubt /
Guar. Dennoch sagt man daruon vnd glaubt.
Mar. Wer hat die Fabel auffgebracht?
Guar. Deß Doctors Dama hats gemacht.
Mar. Derselbig letze Galgenstrick.
40 Phil. Wie? Ist Dama so voller dück?
Mar. Ja diser Stricksbueb hat von mir
Auß lauter Muethwill vnd begir
Ein solche Lug vnd Fabel dicht.
Vngrochen hab ichs lassen nicht /
45 So bald ich wider auß den Banden /
Auff freyem Fueß heut bin gestanden.
[37] Den Doctor es auch sehr verdroß /
Daß vns all beed der Bueb der loß /
Betrüeglich also angeführt /
50 Darumb wir jhn dann wol geschmiert.
Wo Prügel / Peutschen oder Stab /
Vnd was ich nur erwischet hab /
Das alles müst er wol empfinden /
Vil grobe Straich müst er verschlinden.
55 Darumb so seyd von mir vergwißt /
Kein Aberwitz in mir nit ist /

---

35 dichte = erdichtete, erlogene.

Der II. Act. Die 2. Scena.

Ich hab noch all mein Witz vnd Sinn /
Vnsinnig ich nie gwesen bin.
P h i l. Ja wann du Brief vnd Sigl darfür
60 Fein hettest auffzulegen mir /
So möcht ichs glauben / sonsten nicht /
Dann deim Verstand noch vil gebricht.
Entzwischen wöllen wir die sach /
Zu glauben dir fein gehn gemach.
65 M a r. Ich bin zufriden. Mueß jetzt gehn
Zu rüeffen Philedemonen
Zu Cenodoxo meinem Herrn /
P h i l. Wir wöllen auch bey jhm einkehrn.

DIE 2. SCENA.

Cenodoxus der Doctor.
Philautia die Aigne Lieb.
Dama der Laggey.

Der Doctor gfällt jhm selber wol / daß so vil an jhm gelegen. Zu solchen Gedancken gibt die aigne Lieb / [38] *vnnd der Laggey mit seinen Lugen starcken vorschub. Vnter dessen findet der Doctor deß SchutzEngels Zettelen auff dem Boden / die jhm zimblich bedencken machen.*

D o c t. Sie seynd hinweck. Herr Gott im Reich!
70 Man find doch nirgend meines gleich /
All Händel nur durch mich allein /
Gantz abgehandelt müssen seyn.
P h i l a u t. Du must allein ja billich than
Was du allein / sonst niemand kan.
75 D o c t. Niembd hett / dunckt mich in meinen Sinnen
So gschwind den Außschlag geben künnen /
Nur ich allein hab Land vnd Leut
Expedirt in so kurtzer zeit.

So gar kombt mich je nichts hart an /
Was man bey mir fürbringen kan /
Mit hilff vnd rath / mit decidiern /
Mit reden / vnd mit persuadirn /
Mit Schrifftenstellen / concipirn /
Alls kan ich leicht vnd bald außführn.
P h i l a u t. Allainig diß kombt dich hart an /
Daß du andern nit solst beystahn.
D o c t. Komb her Dama / D a m. Was will Jhr Gnad?
D o c t. Seynd sie hin? D a m. Eben jetzt von stat.
D o c t. Ich sah sie im wegkgehn von mir
Zusammen reden bey der Thür.
Was haben sie geredt hinauß /
Hastu vernommen etwas drauß?
D a m. Sie haben euch / genädigr Herr /
Gelobet vnd gepreiset sehr.
P h i l. Vnd wann sie dich schon loben hoch;
Verdienstu es weit mehrer doch.
D o c t. Sag an / was nacher? Was noch mehr?
D a m. Auch sagten sie genädigr Herr /
Wie Ewer Gnad hoch Weißheit / Gaben
Von Gott für andere Menschen haben.
P h i l a u t. Für andre? Oder gar für all?
D a m. Sie lobten auch gar hoch zumal /
Die Demuet vnd die freundlich red /
So Ewer Gnad mit jhnen hett /
Die Weißheit vnd Demütigkeit /
Die Sanfftmuet vnd Gelertigkeit /
Die seyen so vollkommen gantz /
Vnd haben ein so gleichen glantz /
Das man zweiffle an Tugendzier
Welche auß denen tringe für.
P h i l. Wo Tugenden am höchsten stehn /
Vnd keine vor den andern gehn /
So ist ein jede Tugend werth /
Daß man das Kräntzlein jhr verehrt.

Der II. Act. Die 2. Scena.

115 D o c t. Was haben sie sonst mehr gemeldet?
D a m. Sie haben noch mehr Lob erzehlt /
Das alles sich auff Ewer Gnad
Gar aigentlich geschicket hat.
D o c t. Sags her. D a m. Ach ichs vergessen hab.
120 D o c t. Du Lecker solls dir fallen ab?
D a m. Wer kond doch dencken aller sachen?
D o c t. Ich wil dir ein Gedächtnuß machen.
War dann deß lobens also vil?
D a m. Kan dencken. Ohne maß / ohn zihl.
125 D o c t. Du letzer Schalck hab dir die Plag /
Wirstu nit heut noch disen Tag
Alls samptlich sagen hurtig frisch /
So kom mir heut nur nit zum Tisch.
P h i l. He he / wie thustu jhm so recht /
130 Vnd hettest jhn noch mehr geschmecht /
Wann du nit wärst so gütig mild.
Dama redt mit jhm selber.
Ein hartes Gsatz. Wannd essen wilt
Mein lieber Dama / ist vonnöten /
Rund auffzuschneiden vnd zu reden.
135 Ey Ey was soll ich sagen dann /
Wann nichts ist das man sagen kan?
Ich waiß nichts / föllt mir je nichts ein.
Ho Dama / woltst so vngschickt seyn?
Solst dann nichts wissen rumb zubiegen?
140 Kanst sonst nichts sagn / so kanst doch liegen.
Jetzt fälts mir ein: der Herr der wil
Sein Lob gern hörn / vnd glaubt gar vil;
Wolan ich thue ein faiste Lug /
Darauff will ich mir essen gnug /
145 Vmbs liegen ich erkauffen will /
Was andere vmb Geltes vil.
D o c t. Was brumlest dort / du Schalck / allein?
D a m. Es thut mir wehe im Hertzen mein /
Das mir nit alls soll fallen ein /

Der II. Act. Die 2. Scena.

150 Bey einem Wörtle groß vnd klein.
D o c t. Es soll dir vngestrafft nit seyn.
D a m. Jetzunder fällt mir noch mehr ein.
D o c t. Was ist es dann? D a m. Sie hielten mich
Gantz allermaß für seeligklich /
155 Das ich ein solchen Herren hab.
D o c t. Vnd du erkennst nit Gottes Gab.
P h i l. Erkenn du es / vnd selbst genieß.
D a m. Darnach so biegen sie die Füeß /
Vnd kussen offt das Thürgeschwöll /
160 Ich hett nit weil daß ich es zehl /
Sie wünscheten / das Gott vorauß
Erhalte lang den Herrn im Hauß /
Dann solte man verlieren jhn /
Die gantze Statt wüßt wo hin?
165 P h i l. Gar recht verstehn sie Gottes Gaben /
Sie sehen was sie an dir haben.
D o c t. Ja gwißlich wurde sie nit künden
So leichtlich meines gleichen finden.
Man wird der sach erst suchen rath /
170 Wann es einmal wird seyn zu spat.
P h i l. Jetzt kanst gedencken wie die Welt
Dich so hoch schätzt / vnd von dir helt.
D o c t. Ist das die Summ? Was sagtens mehr?
D a m. Es ist die Summ / genädiger Herr.
175 D o c t. Vnd weiter nichts mehr? D a m. Weiter nicht.
P h i l. An der Memori jhm gebricht.
Er hat / wann man recht dencken will /
Ohn zweifel noch vergessen vil.
[42] *Dama Wendt sich vnd spricht zu jhm selber:*
Hab mehr gsagt als die frembden Leut.
180 D o c t. Sag an. D a m. Nichts mehr bey meinem Eyd.
D o c t. Wie ist es ein so schöne sach
Dem guten Namen trachten nach!
Mit heilig tugentlichem Leben
Nach Lob / nach Preiß / nach Ehren streben.

Der II. Act. Die 2. Scena.

185 Weit anderst setzen jhren Sinn
Gantz liederlicher weiß dahin /
Die jhrem Schmerbauch wol seyn lassen /
Mit schlemmen / demmen vnd mit prassen /
Mit denn der Nam auch endet sich /
190 Vnd sterben dahin wie das Vich.
Was seynd für Brieffle drauff ich tritt?
P h i l. Es ist nichts. Laß dichs jrren nit.
D o c t. Hebs auff Jung. P h i l. Ist nicht bsonders dran.
D a m. Sap. 5. Was nutzt vns Hoffart?
        P h i l. Wirffs hindan.
195 D o c t. Jsa. 37. Gestigen ist die Hoffart dein
Herauff biß für die Ohren mein.
P h i l. Es ist kein nutz / kein gfallen nit
Bey solchem Dannt; hinwegk darmit.
D o c t. Prov. 16. Ein jeder den der Ehr-
       geitz frißt /
200 Ein Grewel vor dem HErren ist.
P h i l. Was jrrts dich? Es geht dich nit an.
D o c t. Es mueß je dennoch seyn was dran /
[43] Vnd kan nit so gar nichte seyn
Weils also stimmen vberein.
205 Sichstu Jung dise Briefelein
Klaubs auff vnd komb darmit herein.
D a m. Alßbald Jhr Gnaden.
Der Doctor geht hinwegk / der Laggey redt allein:
        Ey mein Herr /
Gehin versag mirs Essen mehr /
Ich wil dir reden allezeit
210 Was dir dein Hertz vnd Gmüet erfrewt /
Mit schwätzen / dichten / anders mehr /
Wird du nur voll mit eytler Ehr /
Mir schmeckt darfür ein guter Schunck /
Darauff thue ich ein frischen Trunck.

---

213 Schunck = Schinken.

215 Mein Herren führ ich eben drumb
Nur stätigs bey der Nasen vmb /
Weil er es also haben will /
Nur globt will seyn ohn maß ohn zihl.
Wo manglet wahres Lob / mueß man
220 Stracks ein erdichtes knüpffen dran /
Ist doch ains wie das ander auch /
Verschwinden beede wie der Rauch.

DIE 3. SCENA.

*Cen^{ax}. der SchutzEngel.
Conscientia das Gwissen.*

Der SchutzEngel sihet / das der Doctor die nidergesträete Zettelein gelesen: Vnterredet sich seinethalber mit dem Gwissen.

C e n a x. Ich komb herwider / daß ich seh /
Wie es vmb mein Clienten steh:
225 Ich sih wol er ist da gewesen /
Vnd hat die Zettelein gelesen.
Es gfällt mir wol. Vnd wolte Gott /
Er lesets offt / es thät jhm noth /
Daß er ainmal von Hoffart ließ /
230 Ehe sie jhn in die Höllen stieß.
Villeicht wird jhn das Gwissen brühren /
Vnd auff ein guten Weeg anführn.
Das wär mein Frewd! Dort geht herfür
Das Gwissen / Liebe sag du mir:
235 Was haben wir guts außgericht?
Hat er sich noch bequemet nicht?
C o n s. Ach laider seins gleich find ich kain /
Er ist verhertnet wie ein Stain.
C e n a x. Vnd bist von jhm herauß geschlichen?
240 C o n s c. Er selber ist von mir gewichen.

Der II. Act. Die 4. Scena.

    Die Ohrn hat er vor mir verriben /
    Vnd mich auß seinem Hauß getriben.
    Was soll ich anders haben than?
    C e n a x. Geh nochmal widerumb hinan /
245   Er wölle oder wölle nicht /
    Mueß er doch hören dein bericht /
    Halt an / treib an / vnd schrey jhm zue /
    In Summa laß jhm nur kein Rhue.
    Wann du schon nit außrichst das best /
250   So bist mir doch gehorsamb gwest.
    C o n s c. Wie wird ich jhm so vbel kummen!
    C e n a x. Geh dannoch hin vnd laß jhn brummen.
    Will dencken schon auff einen Weg /
[45]   Das ich selbst dir auch helffen mög.
255   Was thun wir nit vons Menschen wegen /
    Als wär vnser aigne sach dran glegen!
    Wir thun alssam: Der Mensch thut nichts.
    Ja weniger als nichts. Gott sichts.
    Es wird einmal die Zeit noch kummen /
260   Er wird vns selber bitten drumben:
    Vnd durch vns suchen vil Genad /
    Wird aber laider seyn zu spat.

DIE 4. SCENA.

Nauegus der Schiffman.
Dropax, Smilax zween Steckenknecht.

Ein Schiffman / so auff dem Meer vmb alles das seinig kommen / beklagt sein Ellendt / den wöllen die Steckenknecht nit bettlen lassen / doch weisen sie jhne an Doctor Cenodoxum, der werde jhn nit lähr gehn lassen.

    N a u e g. Das Erderich vnd auch das Meer /
    Seynd gegen mir verhertnet sehr /
265   Bey bayden hab ich Gnad gesuecht /

Von bayden bin ich gantz verfluecht /
Verhofft sie wären güetig mild /
So seynd sie sehr vngüetig wild /
Weil ich auff beeden vmbher wander /
270 Ist ains so grewlich als das ander.
Das Meer das hat mich gworffen auß /
Das Land vergunt mir auch kein Hauß.
Zuuor da müest ich schier ertrincken /
Vor Hunger ich jetzt mueß versincken.
D r o p. Woher gut Gsell / sag an wer bist /
276 Vnd was dein thun vnd lassen ist.
Wer läst dich in die Statt herein?
N a u e g. Ja hat mich gar gezwungen drein.
D r o p. Wer ist derselb? N a u e g. Der Hunger ja /
280 D r o p. Der Hunger hat kein gwalt allda.
N a u e g. Wolt Gott er hett allda kein gwalt /
Wolt mich von hinnen machen bald.
D r o p. Er hat kein gwalt / noch Macht herin /
Drumb kanst dich sicher backen hin.
285 N a u e g. Er hat mir aber selbst andeut /
Er sey allda dhöchst Obrigkeit.
D r o p. Er hat dich gwißlich vnrecht bricht /
Solst jhm geglaubet haben nicht.
N a u e g. Ist aber gar zu wol beredt /
290 Hat gmacht das ich jhm glauben thet.
D r o p. Der König ist (das wissen wir)
Die höchste Obrigkeit allhier.
N a u e g. Ich laß es seyn nach deinem Sinn /
Der Hunger ist aber Königin.
295 D r o p. Ich will dein Königin gar bald
Hinauß hencken in nechsten Wald.
N a u e g. Ach lieber wie thätstu so recht /
Weil sie so plagt mich armen Knecht.
Hat sich in meinen Bauch einghricht /
300 Vnd kan sie drauß vertreiben nicht.
D r o p. Ein Bossenreisser bistu mir /

Der II. Act. Die 4. Scena.

Vnd nit ein Schiffman glaub ich schier.
Troll dich bald fort du schlimmer Gast /
Oder ich nimb dir wast noch hast.
Vnd dich darzu. N a u. Nichts liebers ich wolt
Dann das man mir alls nemmen solt /
Nur Armuet vnd groß Hungersnoth
Trag ich herumb durch Staub vnd Koth.
Sey wer er wöll ders nemmen soll /
Der nimbts mit meinem Willen wol.
D r o p. Wolan du Tropf nimb hin dein sach /
Vnd pack dich / mach kein vngemach /
Vmb Bossen ist allda nichts fail.
N a u. Wann nur vmb Zäher wär ein Hail.
D r o p. Villeicht. Wanns geht von Hertzen dir /
N a u. Ja freylich gehts von Hertzen mir.
Ein Schiffbruch lide ich / vnd schwumb
Im Meer ein gantze Nacht herumb /
Bin hart entrunnen von dem Tod /
Mit disem Rueder auß der Noth.
Das ander alles / sampt dem gwinn /
Hat mir der Wind vnds Meer dahin /
Darumb bitt ich / thut euch erbarmen /
Vnd wann jhr könnet / helfft mir Armen.
D r o p. Was vns belangt / mein lieber Mann /
Gar wenig ich dir helffen kan /
Doch wohnt da in der Nachbarschafft
Ein reicher Herr / der Armuet krafft
Ein rechter Vatter aller Armen /
Der wird sich deiner gwiß erbarmen.
N a u. Wie mag er haissen? Ich geh hin /
D r o p. Den Cenodoxum nennt man jhn.
N a u. Hab auch schon ghört von disem Herrn /
Wie er den Armen geb so gern.
Ich geh zu jhm vnd suech mein hail /
Ob mir was werden möcht zu thail.
D r o p. Doch lieber Gspan hüet dich vorauß /

Vnd bettle nit von Hauß zu Hauß.
Es ist vorhin jetzt an der zeit /
340 Das jederman die Steuer geit.
N a u. Will hüetten mich vnd gehn dahin /
Das vber mich niembd klagen kün.

DIE 5. SCENA.

Cenodoxus der Doctor.
Dama der Laggey.
Nauegus der Schiffman.
Hypocrisis die Gleißnerey.
Bruno vnd Hugo deß Doctors gute Freund.
Exoristus vnd Ptochus zween Feindsgefangne.

Der verdorbne Schiffman begert ein Allmusen / vnd wird auß anhetzung der Gleißnerey abgeschafft; bald aber Bruno vnd Hugo mit dem Doctor zu conuersieren darkommen / vnnd zween vom Feind gefangene bey jhm bettlen / gibt er jhnen auß anstifftung der Gleißnerey / ein reichlichs Allmusen / welches da es der vorige Schiffman ersihet / wagt er sich nochmaln hinzue / vnd bekombt ein schöne Gab.

D o c t. So bald sie kommen / führs zu mir /
Merckst wol was ich befilche dir?
345 D a m. Jhr Gnaden Ja / ich merck es wol:
Will es außrichten wie ich soll.
[49] N a u e g. Ists der / an den ich gwisen bin?
Will gehn hinzue vnd bitten jhn.
Durch Ewer Gnaden Seeligkeit
350 Vnd Tugenten bekannt so weit /
Bitt / sie wöll sich erbarmen mein.
H y p. Schaw vor vmb dich / ob Leut da seyn?
Es ist hie niemand vberall.
D o c t. Gehe fort. N a u. Durch doppelt vnglücks fall

Der II. Act. Die 5. Scena.

355 Komb ich in disen Ellendstand /
So wol zu Wasser als zu Land;
So doch auch ains hett können seyn /
Genugsamb zum verderben mein.
D o c t. Du alter Laur back dich hindan /
360 Dein Gottloß Lebn ist schuldig dran.
Das vngestüeme Meer vnd Wind /
Die müssen straffen deine Sünd.
N a u. Der güetig Gott wöll Ewr Gnaden /
Vor Vnglück bhüetten vnd vor schaden.
365 Ich mags villeicht verschuldet han /
Drumb ich jetzt mueß mein Bueß außstan.
Ist Ewer Gnaden Tugentreich /
Vnd mir an Sünden nichte gleich /
Wolt sie nit zürnen vber mich /
370 Nit das ains gegn dem andern sich
Soll stellen drumb vngüetigklich.
H y p. Diß mag mir wol nach allem schein /
Ein vnuerschämbter Bettler seyn.
D o c t. Back dich hinweck mit deiner bitt /
375 Dann keiner Hilff bist würdig nit.
Das Wasser selbst bekennet frey
Das dir nit vnrecht gschehen sey.
N a u. Jhr Gnaden wöll zu Hertzen fassen /
Wie sie von Gott hab auß der massen
380 Empfangen Segen / Glück vnd Gaben;
Sie wöll auch ein mitleiden haben
Mit meinem Vnglück vnd verderben /
Dardurch wird sie von Gott erwerben /
Daß er jhr gleichsfals thue Genad /
385 Für jhre Sünd vnd Missethat.
D o c t. Du letzer Gsell hindan thue weichen /
Woltestu mich mit dir vergleichen?
Wie? Solst mich halten für so blind?
Woltstu mich zeihen einer Sünd!
390 Mich? Den die gantze weite Welt

Für fromb gerecht vnd heilig helt?
Es waiß ja jedermennigklich /
Was für groß Rhuem vnd Lob hab ich /
In Tugenten vnd Grechtigkeit /
395 Im Wandl für all ander weit.
Vnd solt ein soliche Person /
Bey dir da seyn in solchem Wohn /
Als solt ich eben gleichen dir /
Vnd / wie du / Sünden han auff mir.
400 Gschwind back dich fort / du loser Bößwicht /
Vnd komm mir nimmer vnters Gsicht.

H y p. Gar recht vnd wol hastu gethon /
Daß du jhn hast geschafft daruon:
Wo Leut nit sehen zue zumal /
405 Hilfft guts thun nichts nit vberal.

[51] N a u e g. Ist diß die groß Freygebigkeit?
Die man lobt also weit vnd brait?
O das der Donner auff disen Tag
All solche Herren zboden schlag /
410 Von denen wol ein armer Mann /
Vil ehender erbettlen kan
Ein gute kräfftige Ohrwaschen /
Als einen Haller auß der Taschen.
Mein sach thut da nichts in die läng /
415 Man ist da vnbarmhertzig streng.

D o c t. Jetzt lassen einmal sehen sich /
Herr Brun vnd Hugo samentlich /
Seyd Gottwilkommen beede Herrn.

B r u n. Gott danck dem Herrn / sicht er vns gern?

420 D o c t. Der Herren gegenwertigkeit /
Ist mir wol glegen jederzeit.
Entzwischen ich spatziert allein /
Biß ich sah kommen euch herein.

H u g. Wir haben vns nit saumen wöllen /
425 Hie bey dem Herren einzustellen /
Zusehen vnd mit jhm zureden /

Von sachen so da ist vonnöten.
D o c t. Wo ist Landtwinus? kombt er her?
Wo bleiben noch die andern mehr?
Wöllen sie dann nit kommen hrein?
B r u n. Sie kommen; werden gleich da seyn.
D o c t. Die Herren wöllen sich bemühen /
Vnd biß sie kommen / drinn verziehen;
Jung / richt die Sessel / daß wir drinnen
Recht miteinander reden künnen.
E x o r. Wir bitten Ewer Herrlichkeit /
Durch dero höchste Seeligkeit:
Sie wölle doch sich vnser Armen
Auß güte genädigklich erbarmen.
P t o c h. Hochadelicher Herr wir seynd
Im Streit gefangen vor dem Feind /
In Gfäcknussen enthalten hart /
Ein Gelt auff vns geschlagen ward /
Das müessen wir jetzt samblen ein /
Vns zuerlösn auß Noth vnd Pein.
E x o r. Ewr Gnad seh vnser Ellend an /
Es möcht doch ainem grausen dran.
Sie helff vns wider ans Liechtes Tag /
Auß Finsternuß vnd Hungersplag.
H u g. Geh fort: Laß jetzt den Herrn mit rhue.
P t o c h. Ja / wann der Hunger auch hett gnue.
H y p. Hie saumb dich nit / man sihet dich /
Vnd haltest dich freygebigklich.
So sagt man dir groß Lob vnd Ehr /
Wie dann ist allzeit dein beger.
D o c t. Ach das wöll nit der liebe Gott /
Daß ein Mensch auß der Armen Rott
Mir jemaln soll verdrießlich seyn /
Die Armen seynd die liebsten mein.
Vnd seyd jhr arme gfangne Leut?
Sagt wie jhr gfangen worden seyd.
P t o c h. Wir arme gfangen worden seynd /

Der II. Act. Die 5. Scena.

  Vor zehen Jahren von dem Feind /
  Verloren Weib / Kind / Vatterland /
465 Vnd seynd nun in deß Feindes Band.
[53] D o c t. Hie habt jhr jedlicher für sich
  Drey Taler / bittet Gott für mich.
  E x o r. P t o c h. Der Allmächtige Gott vnd Herr /
  Geb Ewr Gnad tausentmal noch mehr.
470 N a u. Ich glaub ich sey heut gstanden auff /
  In keinem gutn Planeten Lauf:
  Aim andern will das Glück so wol /
  Vnd ich bin lauter Vnglücks voll;
  Wills wagn / vnd hingehn noch einmal /
475 Villeicht ich jhm jetzt besser gfall.
   Er geht zum Doctor hinzue:
  Wird Ewer Gnad dann mich allain
  Enteussern von der Armen gmain?
  Vnd mich vom Allmusen außschliessen?
  Soll dann nur ich keinr Gnad geniessen?
480 Ewr Gnaden wöll mich gleichermassen
  Der Mildigkeit geniessen lassen.
  Damit es nit hab einen schein /
  Als soll ich gäntzlich abgschafft seyn.
  H y p. Hie merck auff dich / schaw was du thust /
485 Man sichts; jetzt etwas geben muest.
  D o c t. Wie? Hab ich dich / mein lieber Mann
  Gesehen? Oder gschafft hindan?
  N a u. Erst jetzt vor einer klainen frist /
  Als Jhr Gnaden fürgangen ist.
490 D o c t. Die Herrn verzeyhen mirs / ich zwar
  Waiß vmb sein bitten nit ein Haar.
  B r u n. Es war der Herr / halt ich für gwiß /
  Verzuckt in seinen Studijs;
[54] Daher er nit in obacht nam /
495 Wie diser Arme zu jhm kam.
  D o c t. Beger ein Gab / sag an wie vil?
  N a u. Was Ewer Gnaden selbst gern will!

Der II. Act. Die 6. Scena.

D o c t. Ein news bar Taler hast hiemit /
Geh hin / vnd Gott auch für mich bitt.
N a u. Gott wöll darfür Ewr Gnaden geben
Die himmlisch Frewd / das ewig Leben.
D o c t. Von Hertzen hab ich lieb die Armen /
Vnd thue mich jhrer hoch erbarmen.
H u g. Man hat in diser Statt allhie /
Solch Mildigkeit gesehen nie.
H y p. Also mueß sich auff freyer Strassen /
Die schöne Tugendt sehen lassen.
D o c t. Nun geht jhr Herren / so jhr wölt.
B r u n. Wie es demselbigen gefölt.
N a u. Bhüet Gott / secht wie so vil dran leit /
Das einer bettl zu rechter zeit.
So gar vnbständig seynd die Leut /
Anderst gestern / vnd anderst heut /
Der vormals war ein karger Hund /
Wird kostfrey jetzt in einer Stund.
O das ich ein Zigeiner wär /
Vnd wüste wann es schlueg nit lär /
Für gwiß ich wurd in kurtzer zeit
Erbetteln nit ein schlechte Beut.

DIE 6. SCENA.

Philautia die Aigne Lieb.

Die Aigne Lieb erzehlt / daß sich das gantz höllisch Hofgsind vmb den Doctor reißt / verhofft aber sie allein den Preiß an jhm zuerlangen.

P h i l. Was ists / wie gehts doch bey vns zue?
Ist in der Höll so groß Vnrhue?
Will abermal der höllisch Hund
Verschlicken als in seinen Schlund?

Vnd reissen auß von jhrer stell /
Mehr alle Teufel auß der Höll?
Ain Vbel vbers ander felt /
Auff die Gottloß verfluchte Welt.
Ey seynd dann all in einer Summen /
Die Teufel von der Ketten kummen.
Ein jeder braucht sein besten fleiß /
(Wie ich wol merck) auff alle weiß.
Mit Ernst sie setzen jhren Sinn
All auff den Cenodoxum hin /
Weil dann dem also / derowegen
So will auch mir seyn obgelegen /
Das ich mit nicht dahinden bleib /
Wol hinter mich die andern treib.
Zu forderist mueß ich dran seyn /
Ich Aigne Lieb beym Doctor mein.
Sie tringen alle starck darauff /
Wer noch den anderen hinlauf.
Der Doctor wird all vberwinden /
Von mir wird er sich lassen binden.
Vil Wesens wird durch jhn gericht /
Sich selber kan er maistern nicht.
Wer andere also vberwindt /
Wird vberwunden vnd erblindt.

DIE 7. SCENA.

Dorus vnd Dromes zween Diener.
Cleptes der Dieb.
Aesculapius vnd Machaon zween Doctor
  der Artzney.

Weil Aesculapius vnnd Machaon zween Medici den Doctor haimbsuchen / stillt ein listiger Vogl auß deß andern Medici Hauß einen schönen Teppich / vnnd versteckt sich darmit vnter der Haußthür / den doch die Diener durch Strassen vnnd Gassen suchen / vnder dessen kombt der Medicus, als Haußherr / dem geht der Dieb mit dem Teppich in die Hand / der sich aber listig außredet / vnd gibt den Teppich dem aignen Herrn / deme er vorhin gehörig / vmb baares Gelt zukauffen / backt sich darauff in eil daruon / vnnd wird der Herr durch den Diener seines groben Fählers erst recht berichtet.

  D o r. Der Teufel hole den Bößwicht /
  Der mir hat vor dem Angesicht
550 Ein schönen Teppich hingezwackt.
  Wo hat er sich nur hingepackt?
  Er kan gewißlich nit weit seyn.
  D r o m. Ich will gschwind lauffen dahinein /
  Ehe das der Herr zu Hauß haim kumb /
555 Du Dore lauff du dort hinumb.
  A e s c u l. Es ist nichts auff der gantzen Welt /
  Das meinem Hertzen so wol gfellt /
  Als wandlen vmb gelerte Leut /
  Darunder dann zu vnser zeit
560 Herr Cenodoxus Tugentreich /
  Hat weit vnd brait nit seines gleich.
  M a c h. Wiewol er sich allainig zwar
  Für ein Rechtsglerten stellet dar /
  Ist er doch aller Weißheit voll /
565 In aller Kunst erfahrn so wol /

Das er zu vnterschidlich Stund
Ein jedliche docieren kund.
A e s c u l. Wann ich nit müste diser weilen
Zu meinen Patienten eilen /
570 So müest ich noch bey jhme seyn /
So gar nimbt mich der Mann gantz ein.
Secht aber / was geht dort herauß
Für ein Gesell auß meinem Hauß?
C l e p t. Sie haben gmaint ich sey hinweck /
575 Weil ich mich hinder Thür versteck.
Jetzt bin ich sicherer einmal /
Vnd flieh mit glück auß dem Nothstall.
A e s c u l. Hörstu der du gehst dort herauß /
Was hast zuthuen in meinem Hauß?
580 C l e p t. Ach ach / man hat erdappet mich /
Was mueß doch jetzund sagen ich?
A e s c u l. Wirstu mir dann nit Antwort geben?
C l e p t. Ach weh ach weh / es kost mein Leben.
Was da? Glaub das der Herr mich main.
585 A e s c u l. Was hast in disem Hauß zuthain?
C l e p t. Ich? Geht selbst hinein / fragt die Leut /
Wann jhr je so fürwitzig seyt.
A e s c. Mir aber ghört die Bhausung zue /
Ich darf ja fragn was man drinn thue?
590 C l e p t. So sag ichs halt. Gott geb euch hail /
Ich trag ein schönen Teppich fail.
Den bring ich her auß Niderlanden /
Nun hab ich ebenjetzt verstanden /
Man hab auch ain in disem Hauß /
595 Der sey dem meinen gleich durchauß /
Daher ich macht die Rechnung mein /
Ich wurd daran nit vnrecht seyn.
Wann ich mein Wahr auch brächt allher /
Daß es im Hauß selbst säch der Herr.
600 So sagt man mir an disem orth /
Ich soll mein Weeg nur nemmen fort /

Der II. Act. Die 7. Scena.

Der Herr sey nit zu Hauß der zeit /
Wann dann der Herr jhr selber seyd /
So kaufft mir ab die schöne Wahr.
605 A e s c u l. Was soll man dir drumb legen dar?
M a c h. Wie ist er dem gleich so gerad /
Den der Herr hie daroben hat.
A e s c u l. Wilst bald Gelt haben so sag an /
Wie bietst vnd lassestu jhn dann?
610 C l e p t. Vmb zway vnd zwaintzig Gulden baar.
A e s c u l. Sehin die zwaintzig zehl ich dar.
C l e p t. Wolt jhn so leicht nit lassen her /
Wann ich nit Gelts bedürfftig wär.
Gelt her / Gelt her / mit wenig Wort /
615 Last mich nit warten / ich mueß fort.
A e s c u l. Machaon, Zehl jhm hin das Gelt /
Ich hett schon offtermal gewölt
Ein solchen Teppich kauffen than /
Hett ich nur ein getroffen an /
620 Hab können doch antreffen kainen /
Jetzt hat mirs Glück bescheret ainen.
C l e p t. Ju lustig / jetzt geh ich dahin /
Das hat sich gschickt nach meinem Sinn.
Ja wol auwe / auwe / ich sich /
625 Daß abermal ist auß vmb mich.
Dort geht der Diener der mich hat
Ergriffen erst auff wahrer That.
D o r. Du Galgenvogel hab ich dich /
Du wirst nit mehr betriegen mich.
630 Wo ist der Teppich / den du hast
Gestolen dort auß dem Pallast?
C l e p t. Schweig nur still / laß mich gehn darvon /
Ich hab jhn widergeben schon.
D o r. Wem? C l e p t. Schaw hin / deinem Herren
635 D o r. Da recht; sonst ließ ich dich nit fort. [dort /
Hüet dich / vnd komb mir nimmer her /
Hangen muest / sich ich dich noch mehr.

Der II. Act. Die 7. Scena.

  A e s c u l. Komb her, Dore, fein hurtig lauff /
  Den Teppich trag ins Hauß hinauff.
640 D o r. Das ist wol Glück / das jhn der Herr
  Bekommen hat / das frewt mich sehr.
  Ich bitt der Herr verzeyh es mir /
  Wo fand er jhn? A e s c u l. Da vor der Thür.
  D o r. Vnd ich loff wie ein Lapp von Hauß /
645 Vnd suechet jhn die halb Statt auß.
[60] Ist dann der Schalck nit worden rot?
  A e s c. Warumb? D o r. Vor lauter schand vnd spot /
  Das man jhn also hat erdapt.
  A e s c. Nichts. D o r. Ich het mich verschloffen ghabt /
650 Das mich kein Mensch hett funden mehr.
  A e s c u l. Warumb? D o r. Hat jhn nit bleut der [Herr?
  A e s c. Sech einer an den seltzamen Knaben /
  Warumb solt man jhn gschlagen haben?
  D o r. Fürwar der Herr der ist gar offt
655 Nur gar zu gütig / vnuerhofft /
  Straich hett er je verdienet wol.
  A e s c u l. Vil mehr man jhm drumb dancken soll.
  Es ist doch halb so ringer Kauff /
  Als für den andern droben auff.
660 D o r. Was für ein andern maint der Herr?
  A e s c u l. Den wir noch droben haben mehr.
  D o r. Ach Herr ist es doch eben der /
  Was solt ich drüber sagen mehr?
  A e s c. Hab ich jhn doch erst kaufft vmbs Gelt.
665 D o r. Ach Herr die sach ist weit gefehlt;
  Noch vngekaufft war er schon sein /
  A e s c. Wie? Sagst er war vorhin schon mein?
  Wie da? Wie müste das zugehn?
  D o r. Der Herr der wöll mich recht verstehn:
670 Ich laider kond daruor nit seyn /
  Gar haimblich schlich der Dieb hinein /

---

649 verschloffen, v. schliefen = verstecken.

Der II. Act. Die 8. Scena.

Ins Herren Zimmer listigklich /
Vnd namb den Teppich hin mit sich.
A e s c. Der jhn hat zkauffen geben mir / D o r. Ja.
A e s c. Der jetzt erst hat geredt mit dir / D o r. Ja.
A e s c. Ey du Stocknarr / warumben dann
Hastu jhn nit gehalten an?
D o r. Ich hielt jhn; sagt / er hab jhn eben
Allda dem Herren wider geben.
A e s c. Ey soll mich dann das nit verdriessen /
An seiner statt must du mir büssen.
D o r. Was hab ich thon? Ach Herr ich bitt.
M a c h. Der Herr wöll sich erzürnen nit.
Was gibt er lang die schuld dem Knaben?
Der Herr soll selbst sich güetet haben
Vor dises Diebs Betrug vnd List;
Der Herr ja selbst dran schuldig ist.
A e s c. Die Schuld ist beeder: Doch vorab
Die maiste Schuld ich selber hab.

DIE 8. SCENA.

Cenodoxus der Doctor.
Philautia die Aigne Lieb.
Dama der Laggey.
Rusticus der Pesentrager.

Der Ehrgeitzige Doctor hat sein Anspraach mit einem Pesentrager / zu erfahren / ob auch schlechte Leut etwas vmb jhne wissen.

D o c t. Es gfellt mir auß der massen wol /
Daß ich so offt anhören soll /
So grosses Lob vnd schönen Preiß /
Von Leuten fürnemb / glert vnd weiß.
Doch ist auch zwissen mein begir /
Was der gmain Pöfel halt von mir?

Phil. Was zweifflest? man helt dich nit ring /
Von dir helt man groß wunderding.
Doct. Ich wils probieren. Hörstus Bue /
Den Alten führ mir dort herzue.
700 Dam. Hör Alter / stehe ein wenig still /
Rust. Vmb drey Patzen / ist je nit vil.
Dam. Ich hab dich haissen stilla stehn /
Rust. Hat mich selber mehr kost als zween.
Dam. Ich frag nit das: Du merckst nit wol /
705 Zum Herren ich dich führen soll /
Du hast mich noch nit recht vernommen:
Zu meinem Herren soltu kommen.
Rust. Ehe ich bin kommen in die Statt /
Da war es noch nit so gar spat;
710 Ich kan dirs bey der Warheit sagen /
Hat noch nit halbe viere gschlagen.
Dam. Es ist nit das / was ich jetzt will /
Rust. Ich acht mich wärlich auch nit vil.
Ich bin ein alter armer Mann /
715 Der nichts als Pesen binden kan.
Dam. Ich glaub du spottst / vnd spilst mit mir /
Rust. Ich beger nichts zugwinnen an dir:
Acht mich auch sonst keins spilens nit /
Leb gar gspärig / vnd gern mit Frid.
720 Dam. Was ist das für ein alter Greiß?
Fragt man jhn schwartz / so sagt er weiß.
Ich glaub bey güet / er ghör nit wol.
Rust. O wann ich an Marckt kommen soll /
Gnueg Kauffer ich dort finden kan /
725 Wann du nichts kauffst / so laß mich gan.
Dam. Zum Herrn / Zum Herren. Rust. Wen? [mainst mich?]
Hab zuuor nit verstanden dich.
Wo ist dein Herr? Dam. Da ist er / da.
Doct. Tritt ab du Jung. Dam. Jr Gnaden / ja.
730 Doct. Gehe du nur hin: Mit disem Alten
Will ich allainig Ansprach halten.

Der II. Act. Die 8. Scena. 63

    Woher da / lieber Alter mein?
    R u s t. Da auß dem nechsten Dorf herein.
    D o c t. Kennst auch etlich fürnemme Herrn?
735 R u s t. Ich kenn wol etlich / doch von ferrn.
    D o c t. Redt man guts oder böß von jhn?
    R u s t. Nachdem ainr gut vnd böß ist hin.
    D o c t. Sag / was der Cenodoxus gilt /
    Ob man jhn lobet oder schilt?
740 R u s t. Wer ist der Kemedoxum haist?
    D o c t. In der Statt schier der allermaist.
    R u s t. Hab wol nichts ghört mein Lebtag nie /
    Wer diser Gsell müeß seyn dahie.
    D o c t. So hastu gar nicht ghört daruon
745 Von disem so gelerten Mann?
    R u s t. Sauber nichts. D o c t. Den die gantz Welt
    R u s t. Ich bin ja auch ein thail der Welt / [hoch helt.
    Vnd dennoch kenn ich disen nicht.
    D o c t. Hör lieber / mich noch ains bericht /
750 Kombst offt in dise Statt herein?
    R u s t. Fast täglich mueß ich hinnen seyn.
    D o c t. Vnd hörst doch nichts vom glerten Mann?
    R u s t. Sauber nichts / wie ich schon gsagt han.
    D o c t. Wie kombts? R u s t. Ich waiß nit wies kumb /
755 Nur das waiß ich / Nichts waiß ich drumb.
    D o c t. Mit Fingern gar zaigt man auff jhn.
    R u s t. Ja stieß man gar mit Fäusten hin.
    Waiß ich doch gar nichts vberal /
    Das ich von jhm hett ghört einmal.
760 D o c t. Wie? Wannd jhn sehest stehn vor dir /
    Kenntest jhn? Hieltest jhn darfür?
    R u s t. Wann er sich thät beym Namen nennen /
    Möcht ichs glauben / ich solt jhn kennen.
    P h i l. Bleib mit dem Narren vnbeschmissen /
765 Ist gnueg das andre vmb dich wissen.
    D o c t. Hast aber nit Lust vnd begir /
    Daß er bekannt möcht werden dir?

R u s t. Durchauß nicht. Was khey ich mich drumb.
                    D o c t. Vil gäben Gelts ein grosse Summ /
770   Daß sie jhn doch nur sehen künden.
                    R u s t. Villeicht die Toden oder Blinden.
                    Mir aber wann man vmb ein Haar /
                    Gäb hundert Kemetoxen bar /
                    So gfiel mir doch kein solcher Kauff:
775   Wolan halt mich nit lenger auff /
                    Ich mueß gen Marckt. P h i l. Ey wie so blind
                    Vnd vngschickt ist das Baursgsind.
                    D o c t. Diß alten Tropfen Red hat schier
                    Die Röte außgetriben mir;
780   Hab gmaint sey in der Welt kein Land /
                    Darinnen ich nit sey bekannt;
                    Jetzt kennt man mich (wie ich wol sich)
                    Gleich in dem nechsten Dörfflein nicht.
                    P h i l. Der Pöfel ist voll Aberwitz /
785   Ist nit noth daß man sich drauff spitz /
                    Was jhm sey gfällig oder nicht /
                    Es ist ein Gsind das nichte sicht.

768 khey, v. keien = kümmern.

Der dritte Act.

DIE 1. SCENA.

Cenodoxophylax der SchutzEngel.

Der SchutzEngel beklagt sich | daß sein Mühe vnd fleiß am Doctor Cenodoxo so vbel angelegt sey.

Cen a x. Ach soll dann Mühe vnd Arbeit mein /
So gantz vnd gar vergebens seyn!
Wie denckt der Mensch so gar nit dran /
Was ich jhm alls hab guts gethan.
5 Mein Doctor Cenodoxus blind /
Schlägt alle Warnung in den Wind.
Jetzt komb ich widerumb allher /
Daß ich mein Mühe vnd Arbeit schwer
Verschwende noch das letzte mahl /
10 Wie ichs verschwendt hab ohne zahl.
Der gute Engel bin ich zwar /
Er aber scheuhet mich so gar /
Samb ich ein böser Engel wär /
Er fliecht mich / schilt mich / hast mich sehr.
15 Ach ach wie waiß er so gar nicht /
Vmb Gottes Zorn vnd Gottes Ghricht!
Er waiß nicht vmb sein nahnen Tod /
Er waiß nicht vmb sein höchste noth.
Cenodoxe laß einmal gnueg seyn /
20 Ach es ist gnueg der Hoffart dein!
Ach Cenodoxe, gnueg ists je /
Wilst dann an dich selbst dencken nie?
Wilst dann dem Vbermuet so gar
Kein Endt mehr machen? Oder gfahr!

²⁵ Will dich dann gar zu keiner zeit
Verlassen dein Ehrgeitzigkeit?
Es wird halt ja verlassen dich /
Doch gar zu spat / das bsorge ich.
Wirst andern schaffen nutz vnd rath /
³⁰ Dir aber selber seyn dein Schad.
Wirst lehren wie man solte leben /
Vnd wirst verderben selbst darneben.
Was wurdest nit drumb geben noch /
Daß du dein Geist hettst brochen doch.
³⁵ Wanns aber laider ist zu spat /
Wirstu erst sehen deinen Schad.
Du wärest in der Höllen drunden /
Die hette dich schon längst verschlunden /
Wann ich dich nit mit meim Gebett /
⁴⁰ Noch biß daher erhalten hett.
Wie schon offt gschehen ist. Jedoch
Will ichs einmal versuchen noch /
Ob ich doch disen Hochmuet still /
Wann anderst etwas helffen will.

DIE 2. SCENA.

Cenodoxus der Doctor.
Mariscus der Schmarotzer.
Cenodoxophylax deß Doctors SchutzEngel.
Panurgus der HauptTeufel.

Dem Doctor geht ein Schläfflein zue / darinn erscheint jhm der SchutzEngel / zaigt jhm sein Hoffart / vnd befilcht dem Teufel / er soll jhn schröcken.

⁴⁵ D o c t. Ich waiß schon lang nit wies doch kumb /
Daß ich geh so verdrossen vmb.
Mich lust kein Kurtzweil noch kein Spil /
Kein Speiß / kein Tranck mir schmecken will.

Der III. Act. Die 2. Scena.

    Es hilfft kein lesen / noch kein schreiben /
50 Daß ich den Vnmueth kund vertreiben.
    M a r. Was soll diß für ein Wunder seyn /
    Bey so vil Händl vnd Gschäfften dein?
    Will dich doch haben jederman /
    Die gantze Welt die hangt dir an.
55 Dein ansehliche grosse Burd /
    Der Hercles selbst kaum tragen wurd.
    D o c t. Es geht mir gleich ein Schläfflein zue /
    Will mich ein wenig geben zrhue.
60 Entzwischen gehe hinwegk von mir /
    In meiner Rhue mich niemand jrr.
    M a r. Ach wie ist mir mein weil so langk /
    Als offt mir ist mein Doctor kranck.
    Daß ich zu Essen hab darbey /
65 Gib ich jhm Lobes allerley /
    Vnd so ich jhn nit loben kan /
    Bey jhm ich nichts zuessen han.
    C e n a x. Von mir seynd seine Augen dorten /
    Mit disem Schlaf gebunden worden:
70 Im Schlaf man jhm ein schröcken macht /
    Den ich offt gmahnt / wann er gewacht.
    Jedoch vergebens war mein Mühe /
    Cenodoxe du muest von hie.
    Auff auff / es mueß gewendert seyn /
75 Heut hat ein End das Leben dein.
    Nur den Tag hastu noch zuleben /
    Ein strenge Rechenschafft muest geben.
    Sih an was ist diß für ein Buech /
    Schaw recht darein / vnd drinnen suech:
    Liß ausser was entsetzest dich?
80 Ab deinen Sünden hässigklich?
    Es ist zu spat; du sollest schon
    Dich lengst darab entsetzet han.
    Sichstu allda dein Fantasey?
    Dein Schalckheit / vnd Betriegerey?

85 Dem Menschen kan man zwar vorliegen /
Gott aber läst sich nit betriegen.
Sih / wie offt steht die Hoffart da?
Superbia, Superbia:
Wann du es lisest zehenmal /
90 So lisest Hoffart vberall /
Liß hundertmal / liß tausentmal /
Findst lauter Hoffart ohne zahl.
Sichstus wol? D o c t. Wehe mir armen Mann.
C e n a x. Wir müssen wandern / auff daruon.
95 D o c t. Vmb einen klain verzug ich bitt /
C e n a x. Du muest für Ghricht / kein bitt hilfft nit.
Komb her / Panurge, auß der Höllen /
Herauß / herauß mit deinen Gsellen /
P a n. Wer rüefft mir? C e n a x. Gottes höchste Krafft.
100 P a n. Was ist es dann das sie mir schafft?
C e n a x. Den Cenodoxum solst erschröcken /
Obs wider dHoffart möchte klecken.
P a n. Er wird sich aber drauß bekehren /
Vnd durch den schröcken witzig weren.
105 C e n a x. Diß eben ist das ich da will.
P a n. Ich wurd verderben all mein Spill.
Ich will nit. C e n a x. So will aber ich /
Ich schaff / ich biett / ich zwinge dich.
P a n. Ey / woltest das ich schröcken thue /
110 Was mir vorhin schon ghöret zue?
C e n a x. Du Schalck / will dich zur ghorsamb treiben.
P a n. Ich will jhm wol den Halß vmbreiben.
C e n a x. Ich will daß du jhn schröcken thuest /
Jedoch jhm sonst nichts schaden muest.
115 Geh hin zu jhm vnd kehr nit vmb /
Biß ich allher komb widerumb.

---

102 klecken = nützen, helfen.
108 schaff = trage auf, befehle.

Der III. Act. Die 3. Scena.

DIE 3. SCENA.

Panurgus der HauptTeufel.
Cenodoxus der Doctor.
Astherot, Asempholot, sampt andern Teufeln.
Cenodoxophylax der SchutzEngel.

Die Teufel erschröcken (gleichwol vngehrn) den Doctor / wie der SchutzEngel befolchen / der jhme doch im schröcken zu hilff kombt.

    P a n. Was ist mir für ein Beut eingstanden?
    Ich mueß es bringen gleich zu handen /
    Nur fort darmit der Höllen zue /
120 Wo ists / wo ists / ich hab kein rhue.
    Auff Asteroth / Asempholoth /
    Herzue / herzue / es thuet groß noth /
    Kombt kombt / nembt disen Raub mit euch /
    Jhr habt nit bald ghabt seines gleich.
125 D o c t. O Gott / erbarme dich doch mein /
    Verschon / O Herr / dem Diener dein.
    A s t h. Werruefft vns her? P a n. Herzu da lauff
    Mein fleissiger getrewer Hauff.
    A s e m. Ist diß der Lawer / solln wir jhn
130 Mit vns zur Höllen führen hin?
    A s t h. Herauß mit der verfluchten Seel /
    Die längst schon seyn soll vnser Gsell /
    Weils voll / groß / newer Laster steckt /
    Hat er dann noch nit gar verreckt?
    D o c t. Ach ach / ach ach / verzug verzug /
136 P a n. Ja wol verzug / nur fort im flug.
    A s t h. Wie? vmb verzug noch bitten woltst?
    Der schon längst in der Höll seyn soltst?
    A s e m. Halt. Lasts mich jhm den garauß machen /
140 Will jhm ertrüßlen seinen Rachen.
    D o c t. Ach helfft / helfft. P a n. Wer soll helffen dir?
    Du bist vnd bleibst mein. Nur mit mir.

Der III. Act. Die 3. Scena.

        Huj ziehet / führet / reisset jhn /
        Nur fort mit jhm zur Höllen hin.
145   D o c t. Ach himmlisch Heer / ach hilff doch mir /
        A s t. Vns höllisch Heer / gebüret dir /
        Das du jetzt sollest ruffen an.
        C e n. Ach / last mich nur ein klains noch gan.
        P a n. Schlagt / stost / vnd poßt nur dapfer drein /
150   Daß keiner nit verschone sein.
        D o c t. Last zeit zu büssen meine Sünden.
        P a n. Bey vns wirst du schon Zeit gnug finden.
        A s e m. Wir halten vns da gar zlang auff /
        Gehört er doch zu vnserm Hauff.
155   A s t h. Wir haben lang gnueg gspilet schon /
        Last vns einmal mit jhm daruon.
        Nun dise Füeß gehören mein.
        A s e m. So müssen dise Händ mein seyn.
        P a n. Die Seel gehört in d'Höll hinein.
160   D o c t. O Gott / O Gott / errette mich.
        P a n. Denckst an Gott? Er denckt nit an dich.
        Du selber bist dir gwest dein Gott /
        Dich selber rüeff an in der noth.
[72]   D o c t. Hilff höchster Gott / ach Gott hilff mir.
165   A s e m. Ey: Gott fragt ebn so fast nach dir /
        Als du nach Gott hast gfragt allhie.
        D o c t. Hab ich doch Gott verachtet nie.
        P a n. Dein Vbermuet / dein stoltzen Pracht /
        Dein Hoffart hastu nit veracht.
170   A s e m. Wie? Will er auch noch blodern mehr?
        An dSeitten brinnend Fackeln her.
        P a n. Er sey vns auch gleich in der Peyn /
        Der vns in Hoffart gleich wolt seyn.
        A s t h. Ja wolt vns vbertreffen gar.
175   D o c t. O Christe / hilff mir auß der gfahr.
        Nur dißmal noch thue dich erbarmen /

---

149 poßt = prügelt.
170 blodern = unnütz schwatzen.

Der III. Act. Die 3. Scena.

Errett mich Ellenden vnd Armen.
A s e m. Jetzunder einmal woltest gern
Dich arm vnd ellend nennen hörn /
180 Seyn kanst es wol / das gibt man zue.
P a n. Geh ainer / der die Höll auffthue;
Geh fort / thue auff; Wir kommen schon /
Daß er bald sitz in seinem Thron.
D o c t. All Heilign / aller Engel Schar /
185 Helfft / helfft / komb doch nur ainer dar.
P a n. Jetzunder werdens gleich da seyn /
Dich helffen stürtzen da hinein.
A s t h. Jetzunder seynd wir bey der Höllen /
Braucht euch nur dapfer / liebe Gsellen;
190 Hinein mit disem Wildpret frisch /
Das taugt dem Lucifer auff sein Tisch.
A s e m. Hinein mit jhm / die Höll ist offen /
Mit Schwebelfewr hoch vberloffen.
[73] A s t h. Man mueß jhn braten an den Spissen /
195 Damit er selbst fein möge wissen /
Daß es auff vnser Jagt vnd Hetz
Auch gsottens vnd gebrattens setz.
D o c t. Ach ach / wen soll ich rüeffen an /
Der mir möcht in der Noth beystahn?
200 O Engel mein / zu hilff komb mir /
Mein Hoffnung groß hab ich zu dir.
C e n a x. Wie da? Soll ich erretten dich?
Woltest doch sonst nie hören mich.
D o c t. Will forthin hören an dein Stimm.
205 P a n. Ist nichts. Die Forcht die zwingts auß jm:
So bald nur ist der schröcken hin /
So thut er wider nach seim Sinn.
A s t h. Die stinckend Hoffart helt kein Wort.
D o c t. Wils halten / ach mein edler Hort.
210 A s e m. Bey ainem Menschen so verruecht /
Wird nie recht Trew noch Warheit gsuecht.
C e n a x. Mein Cenodox / ich gehe dahin.

Der III. Act. Die 3. Scena.

D o c t. Sih doch / wie ich so ellend bin.
Erhalte mich O EngelFürst.
215 C e n a x. Wann dich für ellend halten wirst.
D o c t. Ja ich halt mich jetzt schon darfür.
P a n. Es ist nichts / nur vor liegt er dir.
C e n a x. Back dich einmal / du loses Gsind /
Laß mir das mein; Zur Höll verschwind.
220 A s t h. Wie? Der vns vbertrifft so weit /
In Hoffart vnd Gottlosigkeit /
Soll ers Tagsliecht noch sehen an?
Wir müssen abgschafft seyn daruan?
C e n a x. Fort mit dir? Thue da keinen schaden /
225 Ich nimb mein Diener auff zu gnaden.
A s e m. Er wird bald wider fallen drauß /
Alßdann ist es vmb jhn gar auß:
So wird er nacher wider mein.
C e n a x. Will dir alßdann nit reden ein.
230 A s t h. Er ist schon vnser. C e n a x. Noch nit gar.
P a n. Er wirds noch seyn mit Haut vnd Haar.
C e n a x. Gott wendts. Doch ist er noch nit Ewr;
Backt euch fort in das höllisch Fewr.
D o c t. Ach / ach / du liebster Engel mein /
235 Wie kan ich dir gnueg danckbar seyn?
Was bin ich dir alles schuldig ist!
C e n a x. Dein Hoffart bistu schuldig mir /
Dein lose Hoffart thuet kein guet /
Laß ab von deinem Vbermuet /
240 Kanst haben weder Gott noch mich /
Kanst selber auch nit haben dich;
So steh nun ab; denck jmmerdar
An gegenwertige gefahr /
Vnd thue dich offt vnd wol besinnen /
245 Wie du der künfftign wölst entrinnen.

Der III. Act. Die 4. Scena.

DIE 4. SCENA.

Cenodoxus der Doctor.
Philautia die Aigne Lieb.

Der Doctor auß Aigner Lieb angetriben | kan nit glauben |
daß jhn der gehabte Traum etwas angehe.

    D o c t. Ach Gott / ach Gott! wie ist mir doch?
    Bin ich todt / oder leb ich noch?
[75] Stirb ich dann lebendig so gar?
    Seynd beede oder kaines wahr?
250 Wie grosser schröcken kam mich an!
    Ich zittere noch jetzt daruon;
    Ein klains zu ruhen ich anfieng /
    Ja wol ruhen! da mir außgieng
    Der bitter Angstschweiß: Ja ich war
255 Berait in Leib vnd Lebens gfahr /
    Zu negst stund ich schon vor der Höllen /
    Die Teufel waren meine Gsellen /
    Die zanckten mich all hin vnd her /
    Samb ich der ärgest Ketzer wer.
260 Hab mich gar ausser bitten müssen /
    Wolt anderst ich noch hails geniessen.
    Steck ich dann also Sünden voll /
    Daß ich die Höll verdienen soll?
    P h i l. Ey du verdienst den Himmel hoch.
265 D o c t. Mein Schlaf der macht mich zweifflen doch.
    P h i l. Die Warheit last nit zweifflen dich.
    D o c t. Doch hat die gfahr erschröcket mich.
    P h i l. Was soll der Tugend seyn für gfahr?
    D o c t. Drinn ich ein klains vorhin erst war.
270 P h i l. Ein Traum war es / kain gfahr mit nicht.
    D o c t. Jedoch war es ein schröcklichs Gsicht.
    P h i l. Ein Kind möcht leicht erschröcken dran.
    D o c t. Wahr Traum hat offt ein weiser Mann.
    P h i l a u t. Vil öffter aber falsche Traum.

D o c t. Daß diser falsch / das glaub ich kaum.
P h i l. Er kan wol falsch seyn gwesen noch.
D o c t. Die gfahr hab ich empfunden doch.
P h i l. Der Traum hats also eingebildt.
D o c t. Ach wie erschröcklich / grausamb / wild /
Die höllisch schaar mir kame für!
P h i l. Die Schar erschrickt doch selbst ab dir.
D o c t. Vmb Laster woltens straffen mich.
P h i l. Der Tugenthalb verfolgtens dich.
D o c t. Ja wol ja wol sie trohen nicht /
Den Tugenden mit solchem Gsicht.
P h i l. Ey ist dir dann nit selbst bewüst /
Wie es vil Heilign gangen ist?
Wie habens plagt vnd triben vmb
Antonium / Macharium?
Vnd andere mehr fromme Leut /
So waren bhrümbt in Heiligkeit?
Dann so was schelten böse Leut /
So ist es gwiß ein Heiligkeit.
Waistu dann nit wie dir erbarmen /
Die ellende verlaßne Armen?
   D o c t. Ich waiß es zwar.
P h i l. Dein Lieb vnd dein Demütigkeit /
Die bey dir gniessen schlechte Leut?
   D o c t. Ich waiß es.
P h i l. Was für gedult du pflegst zutragen /
Mit denen die dich rahts befragen?
   D o c t. Ich waiß es.
P h i l a u t. Dein dapfere bestendigkeit /
In Angst vnd Widerwertigkeit?
   D o c t. Ich waiß es.
P h i l a u t. Dein Continentz vnd Rainigkeit /
Dein Abstinentz vnd Mässigkeit?
   D o c t. Ich waiß es.
P h i l. Dein embsiges Gebett in noth /
Dein grosse Andacht gegen Gott?

Der III. Act. Die 5. Scena. 75

D o c t. Ich waiß es freylich: Aber doch
So truckt mich je mein Gwissen noch.
P h i l. Wie? Soll der wahren Tugendt dein /
Die Himmelstraß verschlossen seyn?
315 Wolt Gott diß Vnbild haissen recht /
So wär er selber vngerecht.
D o c t. Ich mains zwar also / aber doch
Sey wie jhm wöll / so graust mir noch.

DIE 5. SCENA.

*Mariscus der Schmarotzer.
Philautia die Aigne Lieb.
Cenodoxus der Doctor.*

*Mariscus der Schmarotzer redt dem Doctor seinen gehabten
schwären Traum auß.*

M a r. Schläfft er dann noch? Ey nain / er wacht /
320 Der Schlaf hat jhn nit lustig gmacht.
P h i l. Schlag auß dem Sinn den lären Traum.
D o c t. Ja wär er lär / ich glaub es kaum.
M a r. Er hat mit jhme selbst Vnrhue:
Wils wagen doch / vnd gehn hinzue.
325 Herr Cenodoxe, wie bin ich
Herein geschlichn so sittsamlich /
[78] Damit ich dir in deiner Rhue
Kein vngelegnheit füeget zue.
D o c t. Ach lieber / O Marisce mein /
330 Wärstu nur kommen ehe herein /
Gewißlich hettestu mich hie
Vnruhiger gefunden nie.
M a r. Was hat vnruhig gmachet dich?
D o c t. Ein Traum so gar erschrocknelich.
335 M a r. Was ist auff einen Traum zuhalten?

Doct. Bißweilen vil / bey solchen gstalten.
Mar. Bißweilen nichts: mein glerter Mann.
Doct. Ich förcht es sey heut etwas dran.
Mar. Ja wol gar nichts. Glaub mir darumb /
Ich sag dirs gleich in ainer Summ /
Heut sey nichts dran; halt nun darfür /
Morgn wird was bessers traumen dir.
Doct. Wie da? Mar. Ich bin ein glerter Mann /
Ders Himmels Lauf außlegen kan.
Der Schlaf ist heut gegangen ein /
Durch ein Porten von Helffenbain.
Doct. Es hat mir auch getraumbt darbey /
Wie das mein Gast Mariscus sey.
Mar. Da hat der Traum gar nit gejrrt /
Dann morgn es auch dir traumen wird.
Doct. Ich laß mir morgen traumen nicht.
Mar. Laß traumen. Dann gewißlich gschicht /
Was dir wird traumen / das waiß ich:
Dieweil der Schlaf wird wenden sich /
Vnd kommen durch die Porten ein /
Die von horn auffgerichtet seyn.
Es müste mir dann fählen sunst
All meine Astrologi Kunst.
Alßdann so kombt ein liechter schein /
Der Traum wird wahr vnd lustig seyn.
Doct. Sag mir wo das geschriben steht?
Mar. Ich selber bin mir mein Prophet /
Wann nemblichen ein SchaltJahr fölt /
Vnd man im Jener sibn Wochen zehlt.
Wanns Freytag vor dem Pfintztag ist.
Doct. Ein lauter Possenreisser bist.
Mar. Hat so vil glaub ein Traum bey dir?
So kanst auch glauben geben mir;
Dann einem eben gleicher frist /

364 Jener = Jänner, Januar.
365 Pfintztag = Donnerstag.

Der III. Act. Die 6. Scena.

370 Wie dem andern zuglauben ist.
Doch; soll ich nit den Tisch jetzt decken?
Herr Doctor / es möcht dir was schmecken.
D o c t. Waiß nit was es heut nutzen soll.
M a r. Was nutzen? Das wirst sehen wol:
375 Der ich jetzt hab ein lären Bauch /
Wird nacher seyn ein voller Gauch.
Mainst dann du / lieber Doctor mein /
Es soll darmit nichts gholffen seyn?
D o c t. Es lust mich weder trucken noch naß.
380 M a r. Es lust mich aber schon dest baß.
Ich will mir fressen vnd sauffen gnue /
Vnd will dich lassen sehen zue.
Ey wol ein glückseliger Tag /
Dran ich deß Herren Gast seyn mag /
385 Was andre wünschen offt vnd vil /
Wird mir allain nach meinem Will.
D o c t. Was ists das andere wünschen all /
Vnd dir allainig wird zumal?
M a r. Das ich so offt dein Gast seyn kan /
390 Vnd deine guldine Wort hör an.
D o c t. So geh hinein / du hast zubleiben /
Must mir mein schwären Traum vertreiben.

DIE 6. SCENA.

Engonus, Dama zween Diener.

Deß Doctors zween Diener berathschlagen / wie sie Mariscum den Schmarotzer abermaln möchten mit List vom Hauß hinwegk bringen.

E n g. Hab ichs nit gsehen? Vnd nit klagt?
Hab ich es nit zuuor gesagt?
395 Herauß Dama. D a m. Was abermal?
E n g. Hab erst grueffT ein aintzigs mahl.

Dam. Ist gwiß mehr vil gelegen dran.
Was ist so eylends gschehen dann?
Eng. Du jrrest dich / es ist nichts gschehen /
Vnd gschicht auch nichts / vnd wirst nichts sehen.
Dam. Wie da? Eng. Weils alls verderbt ist schon /
Verlorn / verbrochen vnd verthon.
Dam. Was? Was? Eng. Ey lieber fragstu Was?
Die Speiß / die Schüßl / der Wein / das Vaß.
Dam. Ey mein / wie da? Eng. Ein lose Mucken /
Die alls begirig thuet verschlucken.
Verlogen / gschwätzig vnd versoffen /
Die ist allda herein geschloffen.
Die thröet dem Keller das verderben /
Der Kuchel auch ein grossen sterben.
Dam. Diß mueß nit nur ein Mückelein /
Vil mehr ein grosse Besti seyn.
Wann anderst wahr ist was du sagst /
Villeicht vber Mariscen klagst?
Eng. Ja eben disen main ich auch /
Du waist ja selber seinen brauch.
Dam. Den mueß man aber / lieber Gspan /
Kein Mucken nennen / wie du than.
Eng. Wie soll ich jhn dann tituliern?
Dam. Das gfrässigist von wilden Thieren;
Kein Wolf der ist so gfrässig nicht;
Pfui / das man jhm nit speibt ins Gsicht.
Eng. Vnd der / sag ich / ist wider hie.
Dam. Du jrrst / er ist abwesend nie.
Es seynd noch kaum sechs Tag verloffen /
Hat schon sibnmal da gfressn vnd gsoffen.
Vnd wär das achte mahl auch kommen /
Wann ich nit Pest zu ghilff hett gnommen.
Eng. Wir müssen was erdencken zlest /
Das stärcker seyn mueß als die Pest /
Damit wir doch den Fraß vertreiben /
Das er einmal möcht gar außbleiben.

Der III. Act. Die 7. Scena.

D a m. Was wär es aber? Was müsts seyn?
Ja ja botz lauß jetzt fölts mir ein /
435 Ein alten Beren hat mein Herr /
Der hat kein Zahn noch Klatten mehr /
Den hat Marisc noch gesehen nie /
Gefölt es dir so wil ich je
Alßbald zu diesem Beren hin /
440 Denselben lassen vber jhn.
E n g. Wann wir nur weg erdencken künnen.
D a m. Mir fölt was ein in meinen Sinnen /
Ein Schlafftrunck ich jhm geben will /
Daß er mueß schlaffen lang vnd vil.
445 Das vbrig wölln wir drinnen machen /
E n g. Es ist guet helffen zu den sachen.
Jhm ist vmb fressen vnd vmb sauffen /
Als wie die Schaf dem Saltz nachlauffen.
D a m. Geh nur mit mir vnd schweig fein still /
450 Vnd schaw mir zue / was ich thuen will.

DIE 7. SCENA.

Morbus die Kranckheit.

Die Kranckheit sagt / sie werde vom SchutzEngel zum Doctor geschickt.

M o r b. Es soll sich niemand wundern sehr /
Daß ich so kräncklich geh daher /
Ich bin die Kranckheit / Kranckheit ich;
Die Füeß gar kaum mehr tragen mich /
455 In mir ist weder Macht noch Krafft /
Vnd nimb auch andern Krafft vnd Safft.
Ein theil der kennt mich zimblich wol /
Der vbrig mich noch kennen soll.
Jetzunder geh ich an ein Orth /

460 Bin vormals nie gewesen dort;
Dahin mich der SchutzEngel sandt /
Zu einem Mann mir vnbekannt /
Den soll ich stürtzen in das Grab /
Zwar ich jhn nie gesehen hab /
Waiß doch daß es der Doctor ist /
466 Dem newlichs mahl / wie mir bewüst /
Das Gwissen ward geschickt zu Hauß /
Auch Traum so schröcklich vberauß /
Die aber baydesamen nicht
470 Gewürcket oder außgericht.
Nun wird mir letztlich diser Tagen
Die Commission auffgetragen.
Ich waiger mich auch dessen nicht /
Will leichtlich werden recht bericht /
475 Daß ich sein Hauß vnd Wohnung findt /
Vnd mit jhm herumb ringen kündt.
So bald ich jhne nur ersich /
Fall ich jhn an gantz grimmigklich /
Der Engel hats befolchen mir /
480 Ist billich das ich jhm parier.

DIE 8. SCENA.

Mariscus der Schmarotzer.
Dama der Laggey.
Engonus vnd Dorus zween Diener.

Die Diener vertreiben den Schmarotzer Mariscum mit einem
Bern / der jhm das Hönig / so sie dem Schmarotzer im Schlaf
angestrichen / wolte ablecken.

M a r. Ich glaub heut sey 7Schläffertag /
Oder regiert die Schlafsuchts plag.
Mein Doctor will gen Mittag schlaffen /

Der III. Act. Die 8. Scena.

       Mir gibt der Schlaf so vil zuschaffen;
       Mir werden meine Füeß so schwär /
       Als ob ein Centen Bley drinn wär.
       Es geht mir alles vmb vnd vmb /
       Als wär ich halber doll vnd dumb.
       Will mich gleich niderlegen eben /
       Meim schläfferigen Grind nachgeben.
       Ein voller Zapf der legt sich nider /
       Ein starcker Fraß wird auffstehn wider.
       D a m. Sih was er thut / der Narr der trfft /
       Sih gmach hinzue / ob er schon schläfft.
       E n g. Es traumt jhm schon / er sicht gar saur /
       Vnd schnarcht als wie ein voller Baur.
       Jetzt führ nur bald hieher den Bern /
       Diß Spil wil ich je sehen gern.
       D a m. Fein langsamb wil ich hinzue schleichen /
       Vnd jhm das Hönig vmbs Maul streichen.
       Damit der Beer zulecken hab /
       Vnd vnser Fraß erschrick darab.
       E n g. Gar recht / gar recht / laß vns wegkgehn /
       Vnd ein wenig von ferren stehn /
       Vnd sehen wies geht mit dem Bern.
       D a m. Red nit so laut er möcht es hörn.
       (Der Beer kombt vber den schlaffenden Mariscen.)
       M a r. Wer jrrt mich da? Laß mich mit frid /
       Weck / weck / was ists? schend dich der ritt.
       Was ists? hinweck. Was ist am Arm?
       Awe Jesus das Gott erbarm.
       Helfft / helfft / ach liebe Gsellen mein /
       Ich mueß deß Tods sonst aigen seyn.
       Hilff Dama / hilff nur dises mal.
       D a m. Wer schreyt doch. Wem gschicht ein vnfahl?
       M a r. Dama / mein Dama / greiff mich halt /
       Ich bin als wie ein Schnee so kalt.

---

508 der ritt = der Ritten, das Fieber (häufig in Verwünschungsformeln).

D a m. Marisce / was hat dich erschröckt?
M a r. Auwe Jesus wies Zähn herpleckt.
D a m. Du sihest halt villeicht die zween
520 Engon vnd Dorum daher gehn.
E n g. Wo ist der jenig mit seim gschray /
Als seyn jhm alle Bain entzway?
M a r. Ach lieber Engon / laß mich doch
Ein wenig baß verschnaufen noch.
525 D o r. Was fürchst? M a r. Kein blick hat gfält / ach [Gspan]
Mein Leben hett jetzt müessen dran.
D o r. Hoho wie kund das seyn so gschwind /
Was war es dann? Wie bist ein Kind?
M a r. Ein Beer / ein Beer der ist nit ferr.
530 D a m. Ist doch hie in der Statt kein Beer.
M a r. Ein Beer wars / bin entrunnen kaum.
D o r. Wo? M a r. Da. E n g. Wann? M a r. Jetzt.
E n g. Villeicht ein Traum.
Dann je kein Beer ist vmb die Weeg.
M a r. Da war ein Beer wo ich mich leg.
535 E n g. Wo ist er dann jetzt hin so gschwind?
M a r. Dort / auwe / seyd jhr dann blind /
Auwe Jesus / ich sih jhn wider.
D o r. Wo? M a r. Bey der Thür dort hockt er nider /
Habt jhr jhn dann nit gsehen jhr Knaben?
540 D o r. Was müesten wir gsehen haben?
[86] M a r. Ein Bern. D o r. Lieber Marisce mein /
Den Schlaf wisch auß den Augen dein /
Es ist an dir zumercken wol /
Das deine Augen seynd Schlafs voll.
545 M a r. Ich sih ja wol / Botz Element /
Wie? Seynd dann diß nit meine Händ?
Ist dann diß nit das Mäntel mein?
Soll dises dann mein Huet nit seyn?
Sih ich dann nit hie meine Füeß /
550 Woltst daß ich mich blind reden ließ?
Ach lieber Dama schaw du auch /

Der III. Act. Die 8. Scena.

Sichst nit dort drinnen etwas rauch?
Dann dise zween die habens plerr.
Einmal ist dort darinn ein Beer.
555 D a m. Marisce wie ist dir doch gschehen?
Ich kan nichts soliches ersehen.
Wie? Schaw ein wenig baß hinzue.
M a r. Jesus / es läst mir noch kein Rhue.
Die Thür schlag zue / es will mich fressen.
560 D a m. Marisce / wie? Bistu besessen?
Gantz vberall sich ich je nicht.
M a r. So bin nur ich allain ders sicht.
D a m. Ja du allain gesichst nit recht.
M a r. Was ist dann diß / Ey lieber Knecht /
565 Daß ich doch sich / vnd dran erschrick /
So offt es mir nur gibt ein blick?
D a m. Das kan ich dir nit sagen bald;
Sonst ist nit ohn / das in gestalt
Der Wölff / der Löwen / oder Bern
570 Die Geister offt erscheinen gern.
Die in den Häusern vmbregiern /
Vnd manchen Menschen perturbiern.
Auch allermaist nach denen traben /
Zu denen sie ein Feindschafft haben.
575 Daruor du wol magst hüeten dich /
Ein solch Exempel waiß wol ich.
Das ainer zuuermessen war /
Der ist vmbs Leben kommen gar /
Durch solches Gspenst ellendigklich /
580 Daruor behüt Gott mich vnd dich.
M a r. Will so vermessen wol nit seyn /
Bhüet Gott / da geh ich nit hinein /
Biß sich kein Gspenst läst sehen mehr.
D o r. Sey keck / Marisce / gehe nur her.
585 E n g. Es ist kein gfahr da / glaub mir drumb /

---
552 rauch = Fell, Pelz.
553 die habens plerr = sind benebelt.

M a r. Thue auff ein wenig widerumb.
Helfft / Helfft. D a m. Marisc wir sehen nichts.
M a r. Ich geh auß gfahr; wie bald geschichts.
Mir schmecket weder warm noch kalt /
590 In dleng ich mich da nit auffhalt.
Wol aber fliehen lustet mich.
D a m. Ich förcht er werd bald bsinnen sich /
Nichts gwisers ist / wir haben jhn /
Gleich morgen wider im Hauß herin.
595 E n g. Alßdann mueß man mit Löwen her /
Wann nichts mehr helffen will der Beer.
Was wirstu aber zum Herren sagen /
Wann er wird nach Mariscen fragen?
D a m. Das kan gar bald verantwort seyn /
600 Wil sagen zu dem Herren mein /
Ich habe jhn gebetten hoch /
Daß er allda soll bleiben doch;
Hab aber hie nit bleiben wöllen /
Wie das auch wissen meine Gsellen.
605 Vnd ist dem also. Darf nit leugen;
Kan ich es doch mit euch bezeugen.
Darzue so ist dergleichen auch /
Schon sonst vorhin mein alter brauch
Wird nimmer rot zu solchen stucken /
610 Dann nur ein wenig auff dem Rucken /
Allda man mirs nit sihet an /
Weil ich mein Röckel drüber han.

DIE 9. SCENA.

Panurgus der HauptTeufel sampt seiner höllischen Music.

Der Teufel betriegt den Doctor mit seiner Music | das er soll mainen | er höre die Engel singen.

    P a n. Nichts schwerers hett mir können doch /
    Befolchen werdn von Himmel hoch /
615 Als das ich Cenodoxum mein
    Erschrecken müest im Schlaffe seyn.
    Ach was mueß ich meim Fürsten sagen!
    Wie wird er mich so grewlich plagen!
    Was ich mit Mühe gefangen han /
620 Jag ich selbst widerumb daruon;
    Vnd so ich etwas erst gewinn /
    Gehts mir gleich vntern Datzen hin.
    Den Doctor hab ich gschröckt zu fast /
    Gwiß entrinnt mir der liebe Gast.
625 Zu meinem Fürsten ich nit kumb /
    Der Doctor kehr dann wider vmb.
    Was soll ich aber fangen an?
    Das Widerspil ich brauchen kan.
    Hab ich jhm können schröcken machen /
630 So kan ichs auch das er mueß lachen.
    Man kan auch drunden in der Höllen /
    Ein schöne Musicam anstellen /
    So seynd wir nit so schwartzer gstalt /
    Als man vns in gemain fürmahlt.
635 Herauß / herauß / kombt da herfür /
    Die höllisch Music komb zu mir:
    Hieher / hieher / zu diser Port;
    Ein jeder stöll sich an sein orth /
    Hie singt zusammen auff dem Plan /
640 So lieblich als ein jeder kan.
    Purlauter Hönig / lauter Frewd /
    Lauter himmlische Süessigkeit /

Ich will darinnen thuen zun sachen /
Vnd jhm ein spiegelfechten machen /
Das jhm die Ohren müssen klingen /
Als höret er die Engel singen.
Wolan. Schickt euch. Last hören an /
Was man auch in der Höllen kan
Für Kurtzweil vnd für Saitenspil /
Wann ers anderst geniessen will.

Der höllisch Chorus.

Desine caelum poscere questu,
Desine pectus tundere planctu,
Desine vultum perdere fletu;
Superâ dudum Numen ab aulâ,
Faciles votis praestitit aures;
Nemo te adibit certiùs astra.

Laß ab / laß ab zu klopfen an
   Mit deim Gebett ans Himmels Thron;
Laß ab / laß ab mit laid vnd schmertz
   Zuklopfen stätigs an dein Hertz /
Gott hat dich güetigklich erhört /
   Vnd deiner Bitt schon längst gewehrt;
Deß Himmelreichs bist schon vergwißt /
   Kein Mensch auff Erd so seelig ist.
P a n. Das vbrig will ich drinnen wol
Zum Ende bringen wies seyn soll.
Laufft jhr nur jetzt zur Höllen fort /
Vnd rüstet dapfer zue alldort:
Der Raub ist gwiß / wetzt nur die Datzen /
Jetzund steht jhm der letzte Patzen:
Alßdann so wöllen wir drein platzen.

---

670 Patzen = Schlag.

Der vierdte Act.

DIE 1. SCENA.

Philedemon vnd Philaretus zween Studenten.
Dama der Laggey.

Zween Studenten wöllen zu Cenodoxo gehn / deren ainer erzehlt vnderwegen / was er verschine Nacht für schröckliche Gespenster am Himmel gesehen / die herunter auff die Erden geeilet / als wolten sie ein Seel in die Höll abholen. Hierunter kombt Dama deß Doctors Laggey geloffen / den halten sie auff biß er jhnen sagt / wie sein Herr in Todsgefahr lige / zu dem er die Medicos holen müsse.

P h i l e d. Ey Philaret / vnnd hat sich eben /
Diß also dise Nacht begeben?
P h i l a r. Nit anderst ists / als wie ich sag /
Ich hab es gsehn als wär es tag.
5 P h i l e d. Ey lieber / was sagt wunders jhr?
P h i l a r. Was gsehen ich / hört jhr von mir.
Zum ersten hand sich vber dmassen
Kholschwartze Wolcken sehen lassen /
Auß denen die Gespenster sich
10 Herauß glassen schrocklich;
Der helle Mon der schine zwar /
So aber bald verfinstert war /
Von disem so schröckenlichen Gsicht.
P h i l e d. Diß aber ist noch seltzams nicht.
15 P h i l a r. Drauff fieng der Blitz vnd Donner an /
Ein Kräusch vnd Khrümpel höret man;

---

16 Khrümpel = Gerumpel.

Der Himmel ward verwürret gar /
Gen Berg mir stunden alle Haar;
Was noch erschine / ohne zweifel
20 Seynd es gewesen lauter Teufel /
Die kürreten vnd mumleten /
Vnd durcheinander brumleten /
Man hörets durcheinander gehn /
Vnd kond man es doch nit verstehn.
25 P h i l e d. Habt jhr diß / was da ist geschehen /
Recht wachendt oder schlaffend gsehen?
P h i l a r. Ja freylich hab ich recht gewacht.
P h i l e d. Was nambt der Herr sonst noch in acht?
P h i l a r. Darnach so höret ich ein Stimm /
30 Die rüefft den anderen mit grimm /
Vnd sagte: Last vns eilen gschwind;
Drauff alles auß der höch verschwindt /
Vnd wie der Blitz gantz schnelligklich
Sie all herunter liessen sich /
35 Da auff die Erd nit ferr von hin /
Darob ich gantz erschrocken bin /
Vnd mich verfüegt zun Haußgenossen /
Darauff ich bey mir selbst beschlossen /
Zu Cenodoxo zgehn bey zeit
40 Vnd hören was doch diß bedeut.
[93] P h i l e d. Hierzue so bin ich auch berait /
Ich will dem Herren geben sGlaidt /
Vnd mit zu Cenodoxo gehn /
Von jhme selber auch verstehn /
45 Was er vom Wunder halten thüe /
Der ohne Wunder redet nie.
Secht / secht / wo eilt der Dama hin?
Was mueß er haben in dem Sinn?
P h i l a r. Hörst Jung / sag vns wohin du lauffst /
50 Sag an warumb du also schnauffst?

---

21 kürreten = knurrten.

Der IV. Act. Die 1. Scena.

D a m. Ach last mich gehn. P h i l a r. Halt halt. Steh
D a m. Es kan nit seyn / wann ich schon will. [still.
P h i l e d. Was macht dein Herr? D a m. Mein Herr?
P h i l e d. Was ist außkommen für ein noth? [ach Gott!
Nun wolten gern zu jhm wir zween.
D a m. Ach meines Herren! last mich gehn.
P h i l e d. Was ist dir Jung? Was bsinnstu dich?
D a m. Ach liebe Herrn / ach lasset mich.
P h i l e d. Du must vns vor vom Herren sagen.
D a m. Ach Gott er ligt schon auff dem schragen.
P h i l a r. Dein Herr? D a m. Ja / ja mein Herr / ach
P h i l a r. Ringt Cenodoxus mit dem Todt? [Gott!
D a m. Ja / ja / den hab ich lassen ligen
Dahaimb / schon in den letzten Zügen.
P h i l e d. Ey sag doch an wie es zugeht /
Das es vmb jhn so vbel steht?
D a m. Da er heut tratt hinein ins Hauß /
Gieng jhm zue waiß nit was für grauß /
Nach aller längs fiel er dahin /
All Kräfften sein verliessen jhn /
Man waiß nit warumb? Noch woher?
Es ist kein hilff / kein mittel mehr /
Gar hart erhebt er Red vnd Stimm /
Die Medicosruefft er zu jhm /
Verziehens / so ists auß vmb jhn;
Ach last mich gehn / ich mueß von hin.
P h i l a r. Was mueß dem Cenodoxo mein
So gähling widerfahren seyn?
Was ist doch sichers vberall?
Wie ist der Mensch dem Vnglückfall
Ergeben hie so mancherley /
Daß er denck wie er sterblich sey!
P h i l e d. Ach Philaret vergebenlich
Bemühen wir vns / jhr vnd ich /
Heut können wir nit für jhn kommen /
Wie wir vns haben fürgenommen.

P h i l a r. Will aber dennoch zu jhm gehn /
Ob ich jhn zwar nit kan verstehn.
Das ich doch / den ich offt gehört /
90 Wie er hat andere gelehrt /
Jetzt sech / wie er sich selber stöllt /
Weils also Gott mit jhm gfällt.
Wann ich schon nichts soll lehrnen künden /
Lehrt er mich doch schmertz vberwinden.
95 Exempel lehren alt vnd jung /
Vil kräfftiger als lehrt die Zung.

[95] DIE 2. SCENA.

Hypocrisis die Gleißnerey.

Die Gleißnerey spricht jhr selber zue / sie wölle fleiß ankehren / daß jhr der Doctor nit auß dem Garn gehe.

H y p o c. Jetzt geht es auff die letzt hinein /
Mein Gleißnerey / muest häußlich seyn /
Daß dir der Raub nit erst entrinn /
100 Sonst wär all Mühe vnd Arbeit hin.
Den Doctor hab ich aufferzogen /
Nach allem meinem Sinn gebogen /
Der hat mit mir von Jugent auff /
Gantz zugebracht seins Alters Lauff.
105 Was ist jetzt anders vbrig noch /
Dann das er nunmehr selber doch
Auch ohne mich nit sterben wöll /
Weil er war allzeit guet Gesell.
Jedoch so förcht ich meine Feind /
110 Welches nemblich die Engel seynd /
Die sich befleissen also sehr /
Damit der Mensch je mehr vnd mehr /
Ein lust vnd lieb zu jhnen trag;

Der IV. Act. Die 2. Scena.

Entgegen sie auch Nacht vnd Tag /
115 Kein Arbeit / Mühe / noch Fleiß nit sparen /
Vor Sünd den Menschen zubewahren;
Wies dann offt vor der Höll erlösen /
Die schon znegst bey der Thür gewesen.
Jhn gholffen in der letzten noth /
[96] Da sie gerungen mit dem Todt /
121 Wie ich in gleichem selber offt /
Vil / die den Himmel starck verhofft /
Vnd gmaint sie müssen gleich drein gehn /
Da müeß er jhnen offen stehn /
125 Dergleichen / sag ich / hab ich ghabt /
Vnd dapfer noch beym Haar erdapt.
Da ists zuthuen vmb Himmel vnd Höll /
Da gilts welcher den andern föll;
Da ist vonnötten / daß ich mich
130 Recht stell vnd halte maisterlich /
Daß ich die List vnd Renck thue führen /
Die mir / als Gleißnerey / gebüren.
Hie ist vonnöten einer Kunst /
Die man nit leichtlich findet sunst /
135 Darinn ich Gleißnerey schon bin
Der zeit die beste Maisterin.
Damit ich aber nit zugleich
Verhindern möchte mich vnd euch /
So will ich mercken auff das Gspor /
140 Vnd dem SchutzEngel kommen vor /
Das Cenodox mit Seel vnd Leib /
Mein aigen allzeit sey vnd bleib.

139 Gspor = Spur.

DIE 3. SCENA.

Dama der Laggey.
Cenodoxus der Doctor.
Hypocrisis die Gleißnerey.
Hugo vnnd Philaretus zween gute Freund.

Zween gute Freund suchen den krancken Doctor haimb / der mit jhnen auß eingebung der Gleißnerey sehr schöne Ansprach helt.

D a m. Herr Hugo vnd Herr Philaret
Stehn / gnädiger Herr / draussen beed /
145 Vnd seynd darumben kommen her /
Wanns Ewer Gnad nit zwider wer /
So wolten sie gern bey jhr seyn.
D o c t. Recht seynd sie kommen. Laß herein.
H y p o c. Allda merck auff / daß du dich stölst /
150 Samb du alls geren leiden wölst:
Entdeck den schmertz / doch solcher massen /
Als woltst jhn nit gern wissen lassen.
Darumb so setz zuweilen dran /
Red den verborgnen schmertzen an /
155 Vnd sprich: Ach schmertz das sag ich dir /
Zu Ritter wirstu nit an mir /
Ob ich dich thue schon hoch empfinden /
Kanst du mich doch nit vberwinden /
Du richtest nichts du scharpfer schmertz /
160 Vil ritterlicher ist mein Hertz /
Woltstu schon wüetten noch so sehr /
Solst doch an mir nit werden Herr:
Dergleichen Reden solstu thon.
Jetzt merck auff dich / sie kommen schon.
165 D o c t. Herr Hugo vnd Herr Philareth /
Seyd mir willkomb. Sagt wies euch geht;
Seyd jhr wol auff? seyds frisch vnd gsund?
H u g. Gedenck der Herr / wie das seyn kund?

Der IV. Act. Die 3. Scena. 93

    Wie solt mir doch wol können seyn /
170 Wanns vbel geht dem Herren mein?
    P h i l a r. Mein aigner schmertz thuet nit so wehe /
    Als wann ich höre vnd verstehe /
    Das Cenodoxus leidet Schmertz /
    Das schneidt mir erst recht durch mein Hertz.
175 D o c t. Geliebte Herrn / mir ist bewüst /
    Wie lieb euch Cenodoxus ist;
    Ja gar zu lieb thuet jhr mich han /
    Beweist mir schier ein Vnbild dran.
    H u g. Wie da? D o c t. Weil jhr mich preist vnd ehrt /
180 Vil mehrer als ich es bin werth.
    H y p. Gar recht vnd wol / wie es seyn soll;
    Du bist halt aller Demuet voll.
    H u g. Was der Herr für ein Helffer ist /
    Das ist vns allen wol bewüst;
185 Wir wissen auch / was blangt vns zween /
    Wie hoch wir im Register stehn /
    Man kan doch nimmermehr abzahlen /
    Was guts der Herr hat thon vns allen.
    Ains aber vns betrüebt gar sehr /
190 Darumben wir nun kommen her;
[99] Was für ein Zuestand oder fall /
    Bring jetzt den Herrn ins Beth zumal?
    D o c t. Herr Hugo / kain fall nennt es nicht /
    Was auß Gottes befelch geschicht.
195 Diß haben verdient meine Sünd /
    Darumb ich lieber will geschwind
    Abbüessen hie auff dieser Welt /
    Vnd leiden alls was Gott gefellt /
    Kain schmertz / kein Wehtag / noch kein Peyn /
200 Soll mir zu scharpf / zu schmertzlich seyn.
    Zubüessen böse Werck vnd Wort /
    Die ich büeß lieber hie als dort.
    H y p. Wie redest so Gottseligklich!
    Wer wolt nit drob verwundern sich?

Der IV. Act. Die 3. Scena.

205 D o c t. Doch woher wißt jhr so geschwind /
Daß ich mich vbel auff befind?
P h i l. Herr Cenodox / die gantze Statt
Groß trawren vmb den Herren hat.
D o c t. Was ist die Vrsach solcher Klag?
210 P h i l. Der Herr. Von jhme geht die sag /
Dem grossen / frommen / trewen Vatter /
Der Armen Ellenden Guetthater /
Sey dise Nacht in seiner Ruhe /
Ein schwerer fall gestanden zue.
215 H y p. Sichstu wie man so lieb hat dich?
Was dich schmertzt / schmertzet menigklich.
D o c t. Mir ist nichts gschehen liebe Herrn.
H u g. Das wolten wir zwar wünschen gern.
D o c t. Ach maint jhr dann in ewrem Sinn
220 Den Weisen was zuefallen kün?
[100] (Gleichwol der jenig nit bin ich /
Der Weisen wolt zu zehlen mich)
Auff alls wolbhrait ich gwartet han /
Was jrgends dem Leib zuestehn kan.
225 Hab schon vor langst mein Leib vnd Leben
Selbst willigklich darein ergeben /
Geduldig alles ohne klagen /
Was sterblich ist / zu vbertragen.
H y p. O wunderliche Bständigkeit!
230 Darauß erscheint Gedultigkeit.
D o c t. Dest höher mein Gemüet obsigt /
Wie mehr der Leib darnider ligt.
P h i l a r. Wird jhm dann nit sein gmüet vnd Hertz
Verwürrt vor lauter Angst vnd Schmertz?
235 D o c t. Was schmertzens ich in mir empfindt /
Die starck Gedult leicht vberwindt.
Die läßt jhn weiter nit regiern /
Als nur allein den Leib vexiern.
H u g. Zu loben zuverwundern sehr
240 Ist die Gedult im leiden schwer.

Der IV. Act. Die 3. Scena.

    Der Herr last sich den schmertz nit jrren /
    Den krancken Leib kan er regieren.
    Doch daß sich kranck befindt der Herr /
    Das schmertzet ander Leut vilmehr
245 Als jhne selbst / das sicht man wol.
    D o c t. Wie kombts Herr Hugo? H u g. Es ist voll
    Der klag / deß laids / die gantze Statt /
    Das man deß Herren hilff nit hat.
    Wir beede selbst die maisten seyn
250 Von wegens Herren in Laid vnd Peyn;
    Wie auch vil andere noch mehr /
    Die es empfinden schmertzlich sehr /
    Daß man jetzund nit mehr vom Herrn /
    (Wie sonsten gwohnlich /) seine Lehrn /
255 Dißcurs vnd Mainung hören kan /
    Drob sich hat gwundert jederman.
    D o c t. Jhr außerwöhlte liebe Herrn /
    Mein Zung kan euch zwar jetzt nicht lehrn /
    Dieweil sie ist beladen sehr /
260 Mit Leibes Zustand also schwer /
    Mein Starckmuet vnd Gedult jedoch /
    Kan euch villeicht was lehren noch.
    Nit vil Wort / sonder Werck vnd That /
    Die Tugend mich gelehret hat.
265 Wolan so helfft mir auch von hertzen
    Für nichte schätzen / Angst vnd schmertzen /
    Vnd nit allainig Angst vnd Noth /
    Nichts achten / sonder gar den Tod
    Durchauß nit scheuhen; ja vilmehr
270 Denselben wünschen zu vns her.
    O wie gern sicht der güetig Gott
    Ein Menschen / der zu Schmertz vnd Todt
    Sich maisterlich wol schicken kan /
    Mit nichten nit erschrickt daran.
275 Der schwach vnd kranck kan werden zwar;
    Wird doch nit vberwunden gar.

Kein böser Tod kan seyn zu lest /
Es sey danns Leben böß gewest.
So ists auch ein vergebne sach /
280 Wann man hat Sorg vnd Vngemach;
Darbey sich nur die Forcht thuet mehren /
Vnd kans doch nit in bessers kehren.
Stirb ich? Vnd hab vollbracht mein lauff?
Hab ich doch lang gewartet drauff.
285 Stirb ich? so seys. Ich fahr von hinnen /
Wird also nit mehr kranck seyn künnen.
Wird also alles Lasts entbunden /
So ich den Tod ainmal empfunden.
Zwar mancher lang zu leben hofft /
290 Mich aber verdriests Lebens offt;
Deß Sterbens vnd das Leben bschliessen /
Möcht mich ein aintzigs mahl verdriessen;
Wird ich es ainmal vberwinden?
Wird mich nit mehr verdriessen künden.
295 Kurtz ist mein Leben gwesen zwar /
Ja gar zu lang / wanns boßhafft war.
Ist es dann gwesen guet auff Erd /
So hat es lang genueg gewehrt;
Dann aller Tugent Richtigkeit /
300 Ist jmmer gnueg ein kurtze Zeit.
Die Tugend brauchen wenig Jahr /
Sie haben auff die Zeit kain gfahr.
Es ist jhnen wol gnuegsam ains /
Sie brauchen offt auch wol gar kains.
305 Vnd gwiß / vil mehrern Menschen hat
Das Leben als das Sterben gschadt.
P h i l a r. Eim solchen / der so wol gerüst /
Kains frembden Trosts vonnöten ist.
Mit seinem Trost der krancke Mann
310 Die Gsunden selber stärcken kan.
H u g. Der Herr gibt noch gar schöne Lehr /
Auch wann er schon nichts lehret mehr.

Der IV. Act. Die 3. Scena.

D o c t. O wie ist mir so wehe im Schmertz /
Wie reists / wie schneidts / wie brennts vmbs hertz!
315 Doch / lieber Schmertz / ich fürcht dich nit /
Vergebens hast mit mir ein Stritt /
Ob ich schon leide schwere Peyn /
Wirstu mir doch zu starck nit seyn.
P h i l a r. Mir treibts schier Zäher auß / daß ich
320 Den Herren also leiden sich /
Der ohne Zäher alles leidt /
Das Laid mir selbst mein Hertz durchschneidt.
H y p. Gar recht dein klagen supprimierst /
Daß der Gedult Lob nit verlierst.
325 D o c t. Es kombt michs reden sehr hart an /
Doctores wider last hergahn.
Mir kombt ein Ohnmacht nach der andern /
Bald bald wird ich gar müssen wandern;
Die Red mir gantz verfallen will /
330 Der Todt hat schon gesetzt sein Zihl.
Haiß / haiß / ach jämmerliche Hitz /
Es engt / es spengt / secht wie ich schwitz?
Erkühlet mich mit Wasser frisch /
Das doch die grosse Hitz erlisch.
335 Brenn jmmer fort du hitzigs Fieber /
Bist mir darumben nur dest lieber;
Wils leiden / leiden / mit Gedult /
Villeicht hab ichs gar wol verschuldt.
H u g. Die Red ist jhm entfallen gar /
340 Raicht mir wolschmeckends Wasser dar.
P h i l a r. Herr Cenodoxe? Rührt sich nicht.
H u g. Villeicht jhm schon das Hertz zerbricht.
Herr Cenodoxe gebt ein Zaichen.
Das Balsambüchßle thuet herraichen.
345 D o c t. Ach wie war meiner Seel so bang!
Wo seyn die Medici so lang?

332 spengt = zwängt.

Der IV. Act. Die 4. Scena.

H u g. Wir gehn dahin mit grossem leid /
Gott tröst den Herren allezeit.
D o c t. Herr Hugo / vnd Herr Philaret /
350 Jhr mein hertzliebste Freund all beed /
Gott gsegn vnd bhüet euch Vätterlich /
Hie zeitlich vnd dort ewigklich.
H u g. Deß Vrlaub nemmens solcher gstalt /
Wird nit vonnöten seyn so bald;
355 Wir wöllen noch wol / ob Gott will /
Den Herrn haimbsuchen offt vnd vil.
P h i l a r. Wanns vmb den Herrn wird besser stehn /
So wirds auch vns nit vbel gehn.

DIE 4. SCENA.

*Chorus Angel. Der EngelChor trawrendt.
Cenodoxophylax der SchutzEngel.*

*Die Engel klagen vber Cenodoxum, daß an jhm / vnd vil
andern / nichts mehr helffen will.*

C h o r. Liebs Hertz; wie läst sich an dein Zucht?
360 Folgt er noch nit? Vnd bleibt verrucht?
Villeicht hat gwürckt deß Todes schröcken?
Was schweigst? Will dann diß auch nit klecken?
[105] C e n a x. Es ist verhaust / ach liebe Gsellen /
Er tracht mit gwalt nur zu der Höllen.
365 Ach laider es ist auß vmb jhn /
Es hilfft nichts mehr / Er ist schon hin.
Es scheint vnmöglich daß man jhn
Vorm ewign Todt erretten kün.
So gfährlichs vbel ist das Gschwer /
370 So da kombt auß der Hoffart her.

---

363 verhaust = verdorben.

Der IV. Act. Die 4. Scena.

Mit falscher Tugendt letzem Balgk /
Verdeckt er seinen argen Schalck;
Ist voller Schäden vmb vnd vmb /
Vnd will doch nichts wissen drumb.
375 Er acht sich vnser nit ein Haar /
Biß das er hin ist gantz vnd gar.
Er treibts so lang biß das er stirbt /
Vnd also gantz vnd gar verdirbt.
Die Laster haben allberait
380 Vnterm schein der Gottseligkait /
Den arglistigen Weg erfunden /
Daß sie den Menschen stürtzen kunden /
Daß er verdirbt gantz vnuerwist /
Waiß selbst nit wie jhm gschehen ist.
385 Biß er sitzt znegst der Höllen Thür.
Wie offt / wie offt / ermahnen wir!
An Menschen sparen wir kein Mühe /
Wir bitten / rupfen / zupfen sie /
Wir geben jhn der besten Lehr /
390 Trew / Warnung / vnd dergleichen mehr.
Zun Ohren vnd zum Hertzen ein /
Sie aber lassens alles seyn /
So gar helt der Mensch nichts auff sich /
Vnd lebt hinan so liederlich /
395 Das auch der Feind mehr auff jhn helt /
Darumb er jhm so starck nachstellt.

CHORVS.

Ach waint / ach klagt vor lauter schmertz /
  Ach jammert / seufftzet / schlagt ans Hertz /
Den Himmel der schnöd Mensch veracht /
400   Muthwillig nach der Höllen tracht.

C e n a x. Es wird der Cenodoxus mein /
Von Feindes List genommen ein /
Vnd aller orthen gfochten an /

Verlassen gantz von jederman /
Sein Feind hat allenthalben Platz /
Helt jhn doch für sein Freund vnd Schatz.

CHORVS.

1. Was wöllen wir vns zeihen doch /
Ach liebe Engel daß wir noch /
So offt herkommen auff die Erd /
Die vns doch helt so gar vnwerth?
2. Die vnsre Freund gewesen seynd /
Die seynd jetzt vnsre gröste Feind.
3. Die / so wir gern beschützen wolten /
Wie wir auß Willen Gottes solten
Die znichte Leut / die Bettelsäck /
Die schaffen vns von jhnen wegk.

C e n a x. Nun will ich aber gehn dahin /
Vnd sehen ob ich helffen kün.
Ach schröcklich Gspenst! ach wildes Heer!
Kan ich doch kaum hinzugehn mehr.

DIE 5. SCENA.

Cenodoxophylax deß Doctors SchutzEngel.
Panurgus der HauptTeufel.
Hypocrisis die Gleißnerey.
Philautia die Aigne Lieb.

Der SchutzEngel streitet mit den Teufeln vmb deß Doctors Seel.

C e n a x. Was hastu da für fueg vnd recht /
Zu disem meinem Gottesknecht?
P a n. Mein? Was hast du für fueg vnd recht
Zu disem meinem Sathansknecht?

---

415 znichte = nichtswürdigen.

Der IV. Act. Die 5. Scena.

425 C e n a x. Wie? Woltstu sagen er wär dein?
P a n. Ja / ich sags kecklich / er sey mein.
C e n a x. Mit was für Frefel gibst das für /
Du wildes Gspenst vnd grausams Thier?
P a n. Mit solchem frefel / ohne zweifel /
430 Der da gebüren will dem Teufel.
C e n a x. Wie bistu ein verfluchter Schalck!
P a n. Ich reiß ja billich vmb den Balck /
Der kheret in mein Trew vnd Pflicht.
C e n a x. Kein trew noch glaub ist bey dir nicht.
[108] O du trewloser SathansKnecht.
436 P a n. Wie fleissig ich behaupt mein Recht /
Das kanst auß dem verstehn an mir /
Weil ich nit leiden will von dir /
Daß du woltst sagen / Er wär dein /
440 Oder sprechen: Er wär nit mein.
C e n a x. Gott selber hat jhn mir gegeben.
P a n. Mein / ist er durch sein böses Leben.
C e n a x. Er kan wider mein werden doch.
P a n. Vnd kan wider mein worden noch.
445 C e n a x. Back dich hinweck / von dannen weich.
P a n. Back du dich weck / gilt eben gleich.
C e n a x. Er hat noch zeit sich zubekehrn.
P a n. Er hat noch zeit verkehrter zwern.
C e n a x. Wie wann ich jhn bring wider zu mir?
450 P a n. Wie wann ich jhn widerumb verführ?
C e n a x. Wirst dich nit backen bald hindan?
P a n. Ja wann der Doctor zeucht daruon.
C e n a x. O ellend groß in Todesnöth /
So vber disen Menschen geht!
455 Was haben aber die im Sinn?
Was suecht jhr beed Höllschwestern hin?
H y p. Wir suechen vnsern Herren hie /
Dem wir gedient mit grosser Mühe.
P h i l. Ja vnser durch Leibaigenhafft /
460 Dem wir gebotten vnd geschafft.

Zu dienen dir war jhm nit eben /
So hast jhm auch kein gschefft auffgeben.
C e n a x. Ach laider! Jhm gebotte ich
Vil guets nur gar zu fleissigklich.
P a n. Ja wol / ja wol / geh khrat daruon /
Mit deiner schön praetension.
H y p. Vergebens hast mit vns ein stritt /
Der Cenodoxus hört dich nit /
Mir / hengt er beede Ohrn herumben.
P h i l. Ich ich hab jhm sein Hertz eingnummen.
C e n a x. O Cenodoxe, leidest doch
Ach wie ein grosses schweres Joch!
H y p. O Cenodoxe, fliehest doch
Ja wol ein grosses schweres Joch /
Wo du entfliehest disem Herrn /
Vnd eilest dich zu mir zukehrn.
Zu grossen Ehrn hab ich dich bracht /
Das du bist worden hochgeacht.
Der aber will verderben dich.
C e n a x. Nit verdörbn / verschonen will ich.
P h i l. Auffs möglichiste war ich dran /
Wie ich es konde schicken an /
Daß du gefielest mennigklich /
Er aber hat beflissen sich /
Wie du möchst mennigklich mißfallen /
Vnd selber hettst verdruß an allen.
C e n a x. Ja wol / mein fleiß ich wendet an /
Das Gott an dir möcht gfallen han.
Nun aber kanst bey disem allen /
Weder Gott noch den Menschen gfallen.
P a n. Gott vnd den Menschen, zweiffle nicht:
Dann mennigklich dein Tugend sicht.
C e n a x. Ach lieber Gott was sihet man
Für Tugenden an jhme dann?
H y p. Dein bstendige Barmhertzigkeit
Gegen den Armen jederzeit /

Vnd ander deine Dienst vnd Mühe /
Die du niemand versagest nie /
Im Wandel grosse Heiligkeit /
500 Im betten dein Gottseeligkeit /
Zugschweigen ander Tugendt dein /
Die längst deß Himmels würdig seyn.
C e n a x. O Cenodoxe, thuen was guts /
Ist liederlich vnd nichte nutz /
505 Wann Gott der HErr bey solchem nicht
Ein demütiges Hertz auch sicht.
H y p. Die Tugend soll man billich loben.
C e n a x. Nach Lob man aber nit solt toben.
H y p. Die Tugend die mueß stehn im Gsicht.
510 C e n a x. Sie aber selbst begert es nicht.
H y p. Man müest ja hoher Ehr nachstreben.
C e n a x. Das thue ich zwar auch wol zuegeben;
Doch soll man strebn nach solcher Ehr /
Die an jhr hett der Warheit mehr /
515 Vnd an sich selbst so falsch nit wär;
Die aber / ist gantz eytel lähr /
Zergencklich / vppig / falsch / erdicht /
Ja gantz vnd gar in Boden znicht.
P h i l. Die Ehr war groß / warhafft vnd klar /
520 Vnd wehret ewig Zeit vnd Jahr.
C e n a x. Ein Ehr / die nur wehrt wenig Stund /
Vnd nacher geht gar bald zu grund.
P h i l. Ja wol sie wird erst recht anfangen /
Vnd jmmerdar vil schöner prangen.
[111] C e n a x. Ach Cenodoxe, wende doch
526 Die Augen auff gen Himmel hoch:
Was kan doch jmmer anders dir /
So groß vnd herrlich kommen für /
Als dise grosse Herrlichkeit /
530 Die Gott sein Dienern hat bereit?
Nach diser streb / vnd also leb /
Daß sie dir Gott der HErr noch geb.

Hyp. Mein Cenodoxe, wende doch
Die Augen auff die Erden noch;
535 Was kan doch jmmer anders dir /
So groß ansehlich kommen für /
Als dise grosse weite Welt /
Die dich für so ansehlich helt?
Was solle dir doch liebers seyn?
540 Was hat doch sonst so klaren schein?
Als das du mit deim Lob vnd Nam
Einfüllen könnest allessam /
Vnd wann man schon den Geist auffgeben /
Dannoch bey den Nachkommen leben /
545 Den Nam vnd Tittel groß erhalten /
Zu keiner zeit nit mehr veralten?
Cenax. Was wirstu aber letzlich künnen
Mit solcher Eytelkeit gewinnen?
Nach grossem Lob vnd Rhuem wilst streben /
550 Verlierest doch dein Seel darneben.
Die Welt gibt dir ein hohe stöll /
Die Seel wird sitzen in der Höll.
Ach Cenodoxe, wendt dich her.
Pan. Cenodoxe, zu mir dich kehr.
[112] Cenax. Cenodoxe, gib dem kein gehör /
556 Nit jhne / sonder mich anhör.
Pan. Cenodoxe, kein gehör gib jhm /
Wendt dich herumb / vnd mich vernimb.
Cenax. Dein Feind ist er thuet dir vorliegen.
560 Pan. Er ist dein Feind / will dich betriegen.
Cenax. Er trachtet wie er dich verführ /
Vnd ich begehr zu helffen dir.
Hyp. Recht bistu dran / jetzt bistu gscheid.
Cenax. Vnrecht bist dran / vnd fählest weit.
565 Phil. Dein Lob wird in der Welt groß seyn.
Cenax. Vnd in der Höll wirst leiden Peyn.
Phil. O heiliger Mann! wird man sagen.
Cenax. O gottloser Mann! wird man klagen.

Der IV. Act. Die 5. Scena.

P h i l. Ein zierd der Welt vnd auch vor Gott!
570 C e n a x. Ja ein Vnzier voll Schand vnd Spott.
P h i l. Ein Spiegel aller Tugend voll.
C e n a x. Ein Spiegel aller Laster wol.
H y p. Dein Lob wird allen seyn bewüst /
C e n a x. Ja deine dick vnd arge List.
575 H y p. Ein grosses gschray wird von dir seyn.
C e n a x. Nit ein Haar wird man dencken dein.
H y p. Die gantze Welt wird lieben dich /
C e n a x. Verhassen wirds dich bitterlich.
Magstu dann / Cenodoxe mein /
580 So gar Todtfeind dir selber seyn?
Das du mehr trawest deinem Feind /
Als denen die dir trewlich seynd?
Vnd hangst dem Teufel mehrer an /
Als deinem Engel vnd Patron?
585 P a n. Ja wol nit / er ist kein Patron /
Du darffst dich gar nit kehren dran.
P h i l. Was wird man sagen dann von dir?
Wie wirds den Leuten kommen für?
Wann du dein grosses Lob vnd Preiß /
590 Nit bhaltest biß in Todt mit fleiß?
C e n a x. Was wird dann sagen Gott von dir?
Wie wirds den Englen kommen für?
Wann du dein eitles Lob so gar
Nit fliehest / auch in höchster gfahr?
595 P a n. Du bist schon lang verdrießlich sehr /
Vnd machst dem Krancken vil beschwer /
Gehe weck einmal / nimb doch Vrlaub /
Vnd laß mir zfriden meinen Raub.
C e n a x. O wie so vnbillicher massen /
600 Thuet Cenodoxus mich verhassen.
Die guete Räth er gantz veracht /
Nach letzem rath er folgt vnd tracht;
Der Teufel hat jhn schon verblendt /
Darumb ich mich von jhm auch wendt /

605 Dieweil ich bin so gar schabab;
Bey jhm ich gantz kein Gunst mehr hab /
Der ichs mit jhm so trewlich main /
Ich waiß jhm anderst nit zuthain /
Dann nur / das ich Gott für jhn bitt /
610 Er wöll jhn doch verlassen nit /
Vnd sehen lassen guete Frucht /
Noch etwann auch an meiner Zucht.
[114] Was soll ichs aber nennen mein?
Will er doch / laider / mein nit seyn.

DIE 6. SCENA.

*Dama der Laggey.
Aesculapius, Machaon, vnd Podalyrius
Doctores der Artzney.*

*Die Doctores der Artzney kommen zu spat dem Cenodoxo
zuhelffen.*

615 D a m. Ach liebe Herrn / jhr kombt zu spat /
Der sach ist weder hilff noch rath.
Mein Herr ligt schon in Todes noth.
A e s c. Ey das wöll nit der liebe Gott;
D a m. Die Herrn gehn doch herzue zu jhm:
620 M a c h. Cenodoxe? Er vernimbt kein Stimm.
P o d a l. Er ligt in einer Onmacht kalt.
A e s c u l. Raicht her / laßt mich jhn laben bald.
P o d a l. Hie hats der Herr. A e s c u l. Er nimbts nit
P o d. Der Herr versuech noch / was könn seyn. [ein.
625 M a c h. Raicht her wolriechends Wasser bald /
Das man jhm an die Nasen halt.
A e s c u l. Ich richt nichts auß / kan nichts hiebey /

---

605 schabab = abgewiesen.

Der IV. Act. Die 6. Scena.

        Vergebens ist all Artzeney:
        Die Füeß er tödtlich von sich streckt /
630   Der bittere Tod jhn schon reckt.
        Der kalte Schwaiß geht jhm schon auß /
        Das negst ist das die Seel mueß rauß.
        M a c h. Allmächtiger Gott! frisch vnd gsund /
        Kranck vnd tod gleich in einer Stund /
[115]   Hab ich so bald gesehen nie /
636   Als wie bey Cenodoxo hie.
        P o d a l. Hat er gebeichtet auch voran /
        Ehe das er gschaiden ist von dann?
        D a m. Ja freylich mit groß Rew vnd Laid /
640   In seines Hertzens Bitterkait;
        Ich selber hab gesehen wol /
        Mit Zähern seine Augen voll.
        M a c h. Hat er Communion empfangen /
        Ehe das jhn Todsgfahr vbergangen?
645   D a m. Andächtig vber alle massen /
        Das wainen kunden wir nit lassen /
        All die wir seynd darbey gestanden /
        Von Haußgenossen vnd Bekandten.
        Er selber waint / vnd ob er zwar
650   Die Wort hart kund außsprechen gar /
        So hat er fort geredt jedoch /
        Sehr heilig vnd gottselig noch /
        In diser seiner letzten Stund /
        Biß er gantz nimmer reden kund.
655   A e s c u l. Es zimet sich ja gwißlich wol /
        Daß er so heilig sterben soll /
        Der also heilig thete leben.
        Nun wöllen wir vns haim begeben /
        Weil ich kan laider nichts finden /
660   Daß wir dem Todten nutzen künden:
        Dann das wir jhne todt jetzt nennen /
        Mueß ich mit hertzenlaid bekennen.

[116] DIE 7. SCENA.

> *Panurgus der HauptTeufel.*
> *Philautia die Aigne Lieb.*
> *Chorus, Asemph. Phasallioth vnd Astherot,*
>   *die Höllisch Music.*
> *Mors der Todt.*

Die Teufel warten mit verlangen auff die Seel | halten darbey ein lustige Music | biß der Todt kombt.

P a n. Berait ist schon dein Sitz vnd Stöll /
Zu tieffest drunden in der Höll.
665 Fahr ausser / was bsinnst dich so lang?
Ist dir villeicht zum sterben bang?
Jetzunder weiter hilfft kein Bitt /
Meinn Datzen kanst entrinnen nit.
P h i l. Herauß herauß mit deiner Seel /
670 Diß Opfer gehört in die Höll /
Diß ist der Lohn der wartet mein.
P a n. Vnd dise Datzen warten dein.
Dir wil ich dise Nägl einsetzen /
An dir will ich die Zähn noch wetzen.
675 A s e m. Jetzt kanst mir nit entfliehen mehr.
P h a s a l l. Zu Gott hastu kein widerkehr.
Er nimbt dich jetzund nit mehr an /
Hat dich offt ghruefft / woltst selbst nit dran.
Stirb doch einmal / was bsinnst dich lang?
680 H y p. Vergebens machstu dir so bang.
Herauß herauß / vnd geh mit mir
Zur Höllen die gehöret dir.
[117] Hoffertig zu der Hoffart hauff /
Der Gottloß zun Gottlosen lauff.
685 P a n. Triumphieret /
  Jubilieret /
Lacht / vnd macht die Höllen auff:

Der IV. Act. Die 7. Scena.

    Was wir fangen /
    Taugt zum prangen /
690 Last vns hurtig dappen drauff.
    Asempholot /
    Phasallioth /
Vnd Asteroth mit offnem Schlund /
    Bald verzucket
695   Vnd verschlucket
Disen Raub zur Höllen grund.
    Der Tod nahet /
    Der jhn fahet /
Last jhm nimmermehr kein Rhue:
700   Jetzt gilts reissen /
    Nagen / beissen /
Fort mit jhm der Höllen zue.

Mors der Todt.

Mein gwalt bezwingt die gantze Welt /
705 Ob mir erschrickt so mancher Held /
Groß Herren / Fürsten / Potentaten /
Vergehn durch mich gleich wie der Schatten.
Alls / was man maint das mächtig sey /
Die Baum / die Felsen / die Gebäw /
710 Das Eisen vnd der Stahel hart /
Was schwacher / vnd was starcker art /
Alls / was im Lufft / was in dem Meer /
Alls / was die Erden bringt hieher /
Entsetzet sich ab meinem Pfeil /
Daß ich abschieß in schneller eil.
715 Bist weder du / noch der / noch der /
Noch jrgends andrer sicher mehr /
Diß Pfeil ist mennigklichen Gifft /
Verschonet kaim / vnd alle trifft:
Offt Kinder / offt auch Jüngling schön /
720 Die Alten allzeit mit mir gehn.
So lang allda vom Sand noch was

Zulauffen hat in disem Glaß
Bleibt vbrig / mehr nit dann nur diß /
Für einen Doctor zu Pariß /
725 Sehr trefflichen gelehrten Mann /
Ob er schon glert ist / vnd vil kan /
So gilts doch alles bey mir nicht /
Mein Gwalt / all Macht vnd Kunst zerbricht.
Er mueß daran / es ist schon zeit /
730 Das letzte Pünctlein ists bereit.
Ich möß / ich zihl / mein Pfeil schwing ich /
Jetzt gib ich jhm den letzten stich.
O m n. Jetzt hat er gnueg. Ist auß vmb jhn /
Last vns nur jhn gschwind führen hin.
735 M o r s. Bey aim allein hat es kein bleiben /
Ich mueß gen noch wol mehr auffreiben;
Es gilt mir eben alles gleich /
Hoch oder nider / arm vnd reich.
Jetzt suech ich vmbher vnder allen /
740 Wer müest die negste schuld bezahlen.

DIE 8. SCENA.

Chorus Mortualis.
Die TodenMusic.

Sic transit Mundi gloria,
 Cum sequuntur funera.
Also vergeht die Ehr der Welt /
 Wann man darauff Besinckhnuß helt.
745 Omnis enim dignitas
 Mera est inanitas.
Dann alle hohe Würdigkeit
 Ist lautter / lautter / Eytelkeit.
Heri plenus honoribus,
750 Cras erit esca vermibus.

Der IV. Act. Die 8. Scena.

    Wer gestern war fürnemb vnd weiß /
        Wird morgen seyn der Würmen Speiß.
    Cras infestabit vipera,
        Quem nunc honestat purpura.
755 Die Natern morgen den zernagen /
        Der heut thuet statlich Klaider tragen.
    Beati Rector saeculi,
        Parce terrae pulueri.
    O Gott vnd HErr im höchsten Thron /
760   Dem Staub der Erden du verschon.
    Nulla cauet prudentia
        Mortis stratagemata.
    Kein Weißheit / kein Geschicklicheit /
        Ist gscheid gnueg deß Todts Listigkeit.
[120] Nulla flectit potentia
766   Iratae mortis brachia.
    Es ist kein Macht / kein Gwalt so groß /
        Der starck gnueg widérs Todes Gschoß.
    Nulla fallit solertia
770   Astutae mortis spicula.
    Es ist kein Kunst noch Gschicklichkeit /
        Dem arglistigen Tod zu gscheid.
    O magni virtus Numinis!
        Quid est vita hominis?
775 O grosser Gott im Himmel hoch /
        Was ist deß Menschen Leben doch.
    Vix dum bene nascimur
        Cùm repentè morimur.
    Wir werden kaum geboren recht /
780   Hat vns der Todt schon außgespecht.
    Vita enim hominum,
        Nihil est, nisi somnium.
    In Summa vnser Lebenszeit
        Ist lauter Traum vnd Eytelkeit.

Der fünffte Act.

DIE 1. SCENA.

Christus.
S. Petrus.
S. Paulus sampt den andern Richtern.
Der ErtzEngel Michael.
Cenodoxophylax der SchutzEngel.
Spiritus deß Doctors Seel.
Conscientia das Gwissen.
Panurgus der Teufel.

Christus setzt sich zu Gericht | verhört deß Teufels Anklag vber deß Doctors Seel | welche wiewol sie sich mit nichten zuverantworten waiß | erlangt sie doch einen Stillstandt.

C h r i s t. Den Cenodoxum rüefft zu mir /
Vnd ohn verzug stellt jhn hie für /
Das er erscheine vor Gericht /
Vnd hör was Recht vnd Vrthel spricht.
5   S p i r. Ach Gwissen / gehst dann du auch mit?
Hat man doch dich berueffen nit.
C o n s c. Ja wol / ich geh dennoch mit dir /
Wann man mich schon nit rueffet für.
Alls was ich waiß das will ich reden.
10   S p i r. Ich will allainig schon fürtretten /
Laß mich nur an / geh weck von mir /
C o n s c. Ja wol kein tritt weich ich von dir.
An mir muestu / schaw mich wol an /
In Ewigkeit ein Gfertten han.
15   M i c h. Gerechter Richter hie steht der /
Den du hast haissen kommen her.
C h r i s t. Laß auch den Klager fürher gehn.

Der V. Act. Die 1. Scena.

M i c h. Hie ist er gleichfals. C h r i s t. Kennst du
P a n. Ja / weit besser als niemand sunst: [den?
Zu jhm hab ich gebraucht vil Kunst.
C h r i s t. Hastu jhm fleissig auffgemerckt /
Sinn vnd Gedancken / Wort vnd Werck?
P a n. Auffs allerfleissigiste alls.
C h r i s t. Vnd du SchutzEngel gleichesfals?
C e n a x. Habs alles fleissig gschriben ein.
C h r i s t. Wolan so will ich Richter seyn.
S p i r. Verschon / O Richter / ach verschon /
Dann also kan ich nit bestohn.
Geh nit mit mir so streng zu Ghricht /
Ich kan also erhalten nit:
Das Recht zu führen fählt mir weit /
Ich bitt nur vmb Barmhertzigkeit.
C h r i s t. Nichts / nichts. Hastu was / bring es für /
Zu klagen sey erlaubet dir.
P a n. Gestrenger / grosser Richter Grecht /
Du haist mich sagen hie vor Recht /
Was du vorhin schon waist gar wol /
Wann ich schon jetzund schweigen soll /
Vnd hast auch selber an dem allen
Schon lengst gehabt ein groß mißfallen.
Doch will ich bringen für mein Wort /
Vnd desto kecker fahren fort /
Dieweil der Handel ist so klar /
Als wär er schon verbschaidet gar /
Dann ich kan seine böse sachen /
Mit Worten mein nit ärger machen /
Weil er sich jederzeit beflissen /
Selbst zubeschweren sein Gewissen /
So gottloß vnd verruecht zu leben /
Daß ich kund setzen nichts darneben /
Vnd hat mir vberlassen nicht /
Das scheinen kund von mir erdicht.
Dann andere die haben doch

Hierinn ein mittl brauchet noch /
Vnd etwann nur von einer Sünd
Sich ziehen lassen also blind /
Den aber habn in einer Summen
Gantz alle Laster eingenummen;
All Sünd / all Laster / sag ich keck /
Ich leug nit / seynd in jhm gesteckt.
Will jetzt nit sagen lang vnd brait
Von jeder Sünd jnnsonderhait /
Mit ainem Wort ists alls gesagt:
Hoffertig ist er. das ist klagt;
Darmit ich auch gleich vberwind /
Die Hoffart / Hoffart ist sein Sünd.
Will weitter nichten bringen an /
Den Handel ich schon gwunnen han.
All Laster haben eingenist
Wo Hoffart in eim Menschen ist.
Ey solst dann / Herr / wär wol ein Wunder /
Von Himel haben gstürtzt herunter /
Die du ainmal hast gsehen an /
In Hoffart sich erheben than /
Vnd disen hoffertigen Gsöllen
Solst noch gen Himmel nemmen wöllen?
Soll ein solcher gen Himmel kommen /
Der dein Gebott nie angenommen?
Der allzeit nur den Willen mein /
Vnd nie gethon den Willen dein?
Der nur das Gspött hat allezeit
Getriben auß der Seeligkeit /
So lang er hat gelebt auff Erden:
Soll dann ein solcher seelig werden?
Der mir gefolgt hat jederzeit /
Gantz ghorsamb willig vnd bereit.
Der alls gethon was ich nur gwölt /
Seim Schöpfer sich zuwider gstölt.
Soll dann ein solcher Diener mein /

Der V. Act. Die 1. Scena.

90 Forthin von mir geschaiden seyn?
O Richter dein Gerechtigkeit /
Allda ein Bruch vnd Schaden leidt /
Oder aber (hab sonst kein Rhue)
Du muest mir disen sprechen zue.
95 S p i r. Erbarme dich / ach / vber mich /
O Richter groß / erbarme dich.
[125] Jhr NebenRichter habt doch jhr
Auch ein Barmhertzigkeit mit mir.
P a n. Wart / wart / hab noch nit außgeredt:
100 Sech einer nur was diser thet /
Wie doch sein doller Kopff vnd Sinn
Mueß vmbgetriben haben jhn /
Ohn allen zweifel dachte er /
Das er von dir erschaffen wer;
105 Gleichwol / hett er es nit vergessen /
So wär er danckbarer gewesen.
Jedoch / hat er ja wol gewist /
Das er von dir erschaffen ist /
Das er von dir zu jederzeit
110 Berueffen wurd zur Seeligkeit /
Er aber hat es nur veracht /
Verworffen / vnd daruon getracht.
Vnd ich hab jhm gerueffen kaum /
Verhaissen lauter Dannt vnd Traum.
115 Alßbald hat er mir geben stat /
Gehört / vnd gfolget meinem rath.
Ich rieth er solt nach Hochheit trachten /
Du woltest / er sollt sie verachten;
Man mag da selber fragen jhn /
120 Wem er gefolget hab hierin?
Ich will jhms gern gewunnen geben /
Wann er mit Warheit kan erheben /
Das er doch nur ein aintzigs maln
An Demuet hab gehabt ein gfalln.
125 An allen Orthen / Tag vnd Nacht /

Hat er nach eytler Ehr getracht /
[126] Zu solcher mainung / zihl vnd endt /
Hat er all sein studieren gwendt /
Zu solchem End er mißbraucht hat /
130 All sein Gedancken / Wort vnd That /
Die er auß guetem böß gemacht /
Zu solchem Endt hat er gewacht.
Sein Rhue verloren manche Stund /
Das er ein Glori finden kund
135 Was will ich lenger machen drauß /
Also hat er gehalten Hauß;
Wann er sein Richter selbst seyn solt /
Sich doch nit absoluieren wolt.
S p i r. Verzeich / O Herr; thut euch erbarmen
140 Jhr Richter / vber mich so Armen.
P a n. Zwar / war er auch der Tugent gnaigt /
Hat etlich guete Werck erzaigt /
Den Armen er geholffen hat /
Mit Allmusen / mit Rhat vnd That.
145 Er hat gelehrt vnd vnderwisen /
Drumb man jhn globt hat vnd geprisen /
Mit Wort vnd Werck in seinem Wesen /
Ist er vil andern nutz gewesen;
Ein andrer halts für nutzbarlich /
150 Für nutzlich kans nit halten ich.
Was schütst den Kopff du letzer Schalck?
Wann du schon laugnest in dein Balck
Wirst doch mit laugnen vnd vernainen /
Mit seufftzen / heulen vnd mit wainen /
155 Was gschehen / nie zu nichte machen /
Es reden selber deine sachen.
[127] Vnd so du hast was guets gethon /
Daß du dich rhüemen woltst daruon /
Das mueß dein Gwissen selber bstan /

---

159 bstan = gestehen.

Der V. Act. Die 1. Scena. 117

160 Das es sehr vbel sey gethan /
So letz du bist / vnd so verkehrt /
So gleißnerisch / so gar nichts werth /
Das du nichts thetest guets bey Leben /
Du thetest dann auch böß darneben.
165 Den armen Leuten hastu zwar
Ein Allmusen geraichet dar.
Was massen aber / wo / vnd wann /
Was schweigstu also still? Sag an:
Gelt / ich kan dir die Warheit deuten /
170 Freygebig warst bey vilen Leuten.
Wo aber niembd zugegen war /
Gabst einem Armen nit ein Haar.
Dein Schlaf vnd Rhue gebrochen hast /
Warumb so offt? Warumb so fast?
175 Damit dir soll gebrechen nit
An Lob vnd Rhuem / das war dein Sitt.
Bist keck so sag es sey nit wahr:
Vnd sollest dich noch rhüemen gar /
Als habest so vil guets gethan?
180 Solt solche Werck Gott sehen an?
Soll diß deß Himmels würdig seyn?
Ja Fewrs vnd der Höllen Peyn.
Wil setzen auch / vnd wann du schon
Sonst hettest gar kein Sünd gethon.
185 Du habest Gott sonst nie verletzt /
Vnd jhn nie auff ein Orth gesetzt /
[128] So hast dich doch / muests fein wol mercken /
Versündt mit lauter guten Wercken.
So vil / doch gleichsamb nur berührt
190 Vnd nit / wie seyn soll / außgeführt.
Das wöllest du / O Richter Grecht /
Erkennen wie gibt Vrthl vnd Recht.
Der vns in anderm gleich wolt seyn /
Den schaff zu vns in gleiche Peyn:
195 Wol in die Ewig höllisch Flamm /

Das gleich vnd gleich fein sey beysamm.
Dann diser gehört auch dahin /
Oder wir seynd vnbillich drin.
C h r i s t. Was sagstu nun zu diser Klag?
200 Kanstu / so thue dein Widerlag.
S p i r. Verschon O HErr / O Gott / O Gott /
Verschon / es ist zu groß die noth.
Erbarme dich / erbarme dich /
O trewer Hayland / vber mich.
205 C h r i s t. Es ist nit mehr Barmhertzigkeit /
Hie sitzt die streng Gerechtigkeit.
Wirst nit mit Antwort kommen auff /
So folgt ein strenges Vrthel drauff.
Laß ab zubitten / fort mit dir.
210 S p i r. HErr biß noch ainmal gnedig mir.
Bist doch barmhertzig / mild vnd guet.
C h r i s t. Ich bin auch Grecht: darnach man thut.
Bey mir hat kein Gebett nit stat
Das für mich kombt daher so spat.
215 Weich hin von dannen / oder sag /
Wo fählt deins Widersachers klag.
S p i r. Ich bitt verzug / nur kleine weil /
Zu antworten dem Gegentheil.
C o n s c. Was sagstu da / wann man dir wol
220 Schon tausent Tag vergonnen soll /
Ja tausent Monat / tausent Jahr /
So wirstu dennoch nit ein Haar /
Ablainen können von der Klag /
So gar wär nichts dein Widersag.
225 Wann dich schon absoluiert das Gricht /
So kanst du doch dich selber nicht
In Ewigkeit mehr ledig sprechen /
So groß vnd schwer ist dein verbrechen.
C h r i s t. Weil du noch glebt / wars rechte Stund.
230 S p i r. Villeicht es noch ein Stund seyn kund.
C h r i s t. Du richtest nichts auß / gehe nur hin.

Der V. Act. Die 2. Scena.

C e n a x. Jedoch bitt ich noch diß für jhn /
Mann wöll jhm so vil zeit vergünnen /
Sich auff Verantwortung zubsinnen.
235 C h r i s t. Das stell ich haim dem gantzen Gricht /
Ob man heut weiter handle nicht.
C e n a x. Man halt verzug / das bitt ich hoch.
P e t r. Gfelts Gott / so halt man stillstand noch.
P a u l. Man mag jnnhalten / daß er sech /
240 Wie jhm hierinn nit vnrecht gschech.
C h r i s t. So bleibs also darbey. C e n a x. Wolan
Will fleissen mich so vil ich kan /
Ob jrgends was möcht bhilfflich seyn /
Zu retten jhn vor Höllen Peyn.

DIE 2. SCENA.

Chorus die Bsingknuß.
Bruno, Hugo, Landuinus, vnd andere
mit deß Doctors Leich.

Bruno vnd seine Gesellen bringen die Leich; setzen sie nider / heben die Bsincknuß an: Vnter disem richtet sich der Tode auff; schreyet / Er sey vor Christi Richterstuel angeklagt / legt sich darnach widerumb nider / darab die Klager sehr erschricken / vnnd die Bsincknuß biß auff den folgenden Tag einstellen.

245 L a n d. Ach / ach der trawrigen Leich /
    Die wir allda beklagen:
Die Statt hat nie klagt deines gleich /
    Sie will darob verzagen:
Die schönste Bluem ist gfallen ab /
250   Sie hat sich gantz entferbet:
Das klarest Liecht erlischt im Grab /
    Ist niemand der es erbet.

Brun. Hieher so setzt die Todenpar /
Biß wir die Bsincknuß halten gar.
Guar. Wie haben wirs verschuldt vmb Gott /
Was haben wir verbrochen?
Das dich von vns hinreißt der Todt?
Was wird an vns gerochen:
Ach wehe der bittern Angst vnd Noth /
Die vns hat vberfallen!
Dein Tod der ist auch vnser Todt /
Dein Todt der schadt vns allen.
Hug. Sein edle Seel höchst Ehren werth /
Ist hingenommen von der Erd /
Die doch den Leib behalten kan /
Vnd hat ein edlen Raub daran.
Steph. Ach Gricht / ach Recht / die trawren sehr /
Im gantzen Königreiche.
Sie haben kain Regierer mehr /
Sie haben nit deins gleiche;
Ach Vatterland du armer Waiß /
Dir wird so angst vnd bange:
Wie macht dir diser Tod so haiß!
Wie traurig ist dein Gsange!
Ach Franckreich du vil edles Reich /
Du weitberühmbtes Lande.
Mit diser Leich wirst auch zur Leich:
O strenge Gottes Hande!
Ach disen traurigen fall /
Der vns ist zugestanden /
Empfindt die gantze Welt zumal /
In weit vnd ferren Landen.
Doct. Ach weh! ach weh! O m n. Hilff Gott hilff [Gott!
Was ist das für ein Wundernoth!
Doct. Ach ach wie wird es mir noch gon /
Vor Gottes strengen Richtersthron?
Ach / ich bin worden angeklagt.
Omn. Hilff Gott! Brun. Secht was der Cörper sagt?

Der V. Act. Die 2. Scena.

H u g. Ach was ist das? L a n d. Was sih ich hier?
B r u n. Was ist diß newes? Wie ist mir?
Zu Ohnmachten schier sincke ich /
All meine Kräfft verlassen mich.
H u g. Kein Krafft kein Leben ist in mir /
Mein Geist vnd Athem ich kaum spür.
L a u d. Vor schröck ich schier zu boden gehe /
Auff meinen Füessen ich kaum stehe:
B r u n. All mein Gebain erzittern gar /
Vor grauß gen Berg stehn mir die Haar.
Die Zung kan schier nicht reden mehr /
Ertattert ist sie also sehr.
Habt jhr die laidlich Stimm gehört /
Wie er so schüelich hat gerört?
O m n. Wir habens / laider / wol vernommen;
So schröcklichs ist vns nie fürkommen.
Wir seynd darob erzittert gar.
B r u n. Wie hat er auß der Todenbar
Sich so erschröcklich auffgericht /
Wie hat er vmbher gwendet das Gsicht;
Wie hat er mit so schiechem grauß /
Die schröckliche Wort gsprochen auß!
H u g. O Gott was wilst in deinem rath
Mit diser newen Wunderthat.
L a u d. Ach! ach! ist dann deß Menschen Leben
Dem Glück vnd Vnglück so ergeben /
Daß es sich gähling vnuerhofft /
Vmb jhn verändert also offt;
Niembd heiliger an gestern zwar /
Als vnser Cenodoxus war.
Heut hats das ansehen darbey /
Als ob vnseliger niembd sey.
H u g. Ist Cenodoxus angeklagt?
Den menigklich für heilig sagt?
O m. Ach Gott wie wird es vns noch gehn!
Wann solche auch so vbel bstehn:

325 Vnd so erbärmlich gehn zu grund /
B r u n. Man mueß darumb nit main von stund /
Samb Cenodoxus, da gestorben /
Sey ewiglich verdambt / verdorben.
Das wöll Gott nit das wirs gedechten /
330 Von eim so frommen vnd gerechten.
Fürs Gricht villeicht er müste gehn /
Deß Teufels Anklag außzustehn.
Der / seinem brauch nach / alls anspricht /
Noch dran hengt Lugen vnd Gedicht.
335 Man kan anklagen allesammen /
Doch nur die Gottlosen verdammen.
Wann Tugendt schon wird angeklagt /
Beschützt sie sich doch vnerzagt.
L a u d. Wie thuen wir jhm dann? Wöllen wir
340 Die Leich zu bsingen nach gebür
Fortfahren? Oder warten noch
Was morgen drauß wöll werden doch?
B r u n. Wir wöllens lassen stehn da still /
Dann es die sach erfordern will /
345 Zuwarten was will werden drauß.
O m n. So wöllen wir jetzt gehn zu Hauß.
B r u n. O höchster Gott im Himmelreich /
Durch deinen Segen vns verleich /
Daß dise Wunder / dise Zaichen /
350 Vns samentlich zu guetem ghraichen.

DIE 3. SCENA.

Christus.
S. Petrus.
S. Paulus sampt den andern Richtern.
Der Engel Michael.
Cenodoxophylax der SchutzEngel.
Spiritus deß Doctors Seel.
Conscientia das Gwissen.
Panurgus der Teufel.

Die ander Verhör / darinn deß Doctors Seel den Schutz-
Engel zu einem Fürsprech bittet / dieweil er jhm aber bey
Lebzeiten nit gefolgt / so sagt er jhm jetzt ab / versagt jhm
allen Schutz vnd Schirm. Sprechen auch die NebenRichter
ainhelligklich auß / Er werde für Schuldig vnd Gottsläster-
lich erkennt.

 C h r. Laß die Partheyen kommen für /
 Will jhnen handlen nach gebür.
 Vnd alles legen auff die Wag /
 Wie es die Grechtigkeit vermag /
355 Auch forderet mein strengs Gericht /
 Gnad vnd Gunst hie kein platz hat nicht.
 C o n s. Was bsinnst dich Schalck / wilst nit fortgehn?
 Es nutzt dir nichts dein stillestehn.
 Für Gricht muest / für den Richtersthron /
360 Da zuempfangen deinen Lohn.
 M i c h. O Richter Grecht / hie stellen sich /
 Die du berueffen hast für dich.
 S p i r. Verschon / O Jesu Christ / verschon /
 O Richter in dem höchsten Thron.
365 C h r i s t. Verstehst vnd merckstu nun was dir
 Für Laster seynd gehalten für?
 Was hast zur Antwort drauff? Sag an:
 Was dir dargegen nutz seyn kan.
 P a n. Er ist erstumbt / kan reden nicht /

Der V. Act. Die 3. Scena.

370 Kein aintzigs Wort er widerspricht /
Kan widerlegen nit ein Haar;
Bist keck / so sag es sey nit wahr.
C o n s c. Wann du schon schweigst / so red doch ich /
Allhie vor Gricht wol kennt man dich.
375 S p i r. O Gott ich bitt vmb Güetigkeit /
Barmhertzigkeit / Barmhertzigkeit!
C h r i s t. Erbittst mich nimmer / gehe nur fort:
Es bleibt ainmal bey meinem Wort.
S p i r. Durch deine Wunden / höchster Gott /
380 Durch alle Marter / Creutz vnd Todt /
Du wöllest dich erbitten lassen.
C h r i s t. Jetzt führt man dich ein andre Strassen.
S p i r. Ach sich vor an / verwirff doch nit /
Mein so demüetigkliche Bitt.
385 C h r i s t. Ja lauter Hoffart sih ich wol.
S p i r. Ach Herr mein bitt ist Demuet voll.
C h r i s t. Führt jhn nur hin / er kan doch nicht
Sich defendieren vor Gericht.
S p i r. Erlaube mir / ach Herr vnd Gott /
390 Ein Fürsprech in der höchsten not.
C h r i s t. Auff Erden noch in deinem Leben /
Hab ich dir Fürsprech gnueg gegeben /
[136] Die doch nit waren guet gnueg dir /
Jetzund dein Handel selber führ.
395 S p i r. Ach Gott verschon. C h r i s t. Du kombst zu
S p i r. Nur noch ein aintzige Genad; [spat.
Das ich nemblich allda könn hon /
Zu meinem Schutz einen Patron /
Der mir noch helff im Handel mein /
400 Vnd solls der allerschlechtest seyn.
C h r. Was bittest lang? Du findest kainen.
S p i r. Ach laß mich doch nur suechen ainen.
P a n. Bin zfriden / mag nach seinem fueg /
Patronen / Richter / suechen gnueg /
405 Er wird nit also leicht ain finden /

Der V. Act. Die 3. Scena.

Der jhn wird defendieren künden.
S p i r. O heiliger S. Michael /
Erbarm dich meiner armen Seel /
Vnd komb zu hilff dem Diener dein.
410 M i c h. Wie? soltest du mein Diener seyn?
S p i r. Für gwiß / dein Diener vnd dein Freund.
M i c h. Ja wol Diener. Vilmehr ein Feind.
S p i r. Hab ich dich doch gar offt verehrt.
M i c h. Du mich? Du Bößwicht so verkehrt?
415 S p i r. Ja dich. M i c h. Dich selber vnd nit mich /
Drumb hast nichts zugetrösten dich.
S p i r. Ach kond es aber dennoch seyn.
M i c h. Mir steht im Weeg die Hoffart dein.
Kaim Hoffertigen hilff ich nit /
420 Drumb zeuch nur ab mit deiner Bitt.
S p i r. O Petre / der durchs Göttlich Wort
Die Schlüssel hast zur Himmelport /
Du Himmelfürst / erbarm dich mein.
P e t. Geh jmmer fort / es kan nit seyn.
425 S p i r. Gedenck das auch vor zeiten war
Dein Seel betrüebt in gleicher gfahr /
Als du den Herrn verlaugnet hast.
P e t. Ich dencks. Vnd habs berewet fast.
S p i r. Dir ward verzigen selber zeit.
430 P e t. Dieweil ich hette Rew vnd Leid:
Hett ich bey zeiten nit gebüst /
Mit dir ich jetzt verdambt seyn müest.
Du richtest nichts / nur fort / nur fort /
Ich hör dich weiter nit ein Wort.
435 S p i r. O Paule / von Gott außerkorn /
Hilff du / das ich nit werd verlorn.
P a u l. Eben so wenig richst bey mir /
Laß ab / es ist nit zhelffen dir.
C o n s c. Hieher du letzer Schalck / hieher /
440 Zu mir dich da herumber kher.
Ich will dich bschützen wies seyn soll /

Mich / mich / dein Gwissen / bschaw fein wol.
Das sagt / das es vnmöglich sey /
Das man dich könne sprechen frey;
445 Wand schon gern woltst / vnd alle Welt
Dirs gonnen wolt / ists doch gefehlt.
   Spir. geht zum SchutzEngel.
O Hoffnung / O mein Zuversicht /
Dir fall ich zfueß; Verlaß mich nicht.
C e n a x. Ja hettestu es ehe gethon /
450 Zuhilff wär ich dir kommen schon /
Ach / jetzund kombstu gar zu spat.
S p i r. Findt dann mein bitten gar kein Gnad?
C e n a x. Ich hab dich selber betten offt /
Vnd manchesmal gleichwol verhofft /
455 Du wurdest folgen meinem rath /
Doch hat mein bitt nit funden stat.
S p i r. Ach ists noch möglich so hilff mir.
C h r i s t. Wolan SchutzEngel trawst du dir
Zuhelffen dem / der allhie steht?
460 C e n a x. Wann er ein bessern handel hett.
Nun aber sein vermainter Schutz
Ist jhme nit ein Haller nutz.
Zur Anklag ist es alls geschlicht /
Zur Widerlag ist nichts gericht
465 Was gsagt der Klager / ist alls wahr /
Fählt / laider / nit nur vmb ein Haar /
Schaw ich in dises Buech hinein /
Sih ich daß lauter Laster seyn /
Vnd lauter grobe schwere Sünd.
470 Suech hin vnd her ob ich was find /
Von Tugenten vnd guten Wercken /
Die ich auch etwan thet auffmercken /
Daruon ich zwar was wenigs findt /
Das aber auch dahin verschwindt:
475 Dann ob er schon was gutes thet
Mit Allmusen vnd mit Gebett /

Der V. Act. Die 3. Scena.

Sih ich daß wider außtilgt sey /
Durch Hoffart vnd durch Gleißnerey.
Nur Hoffart / Hoffart vberall /
480 Ist da zulesen ohne zahl /
Ich mahnet jhn trewhertziglich /
So wol haimblich als offentlich /
So wol bey Tag / als auch bey Nacht /
Er soll doch lassen seinen Pracht /
485 Er soll ein Endt der Hoffart machen;
Er thet mich aber nur verlachen.
Wurd nur hoffertiger daruon /
Nur ärger zwerden fieng er an.
Durch Traum jagt ich jhm schröcken ein /
490 Stöllt jhm für Augen dHöllisch Pein /
Die hat er aber auch verlacht /
Verspott / Verworffen / nichts geacht.
Als nun herkam sein letzter Tag /
Vnd er in Todtesnöten lag /
495 Kam ich auch eilends vnd behend /
Allher zu seinem letzten End /
Jhm zhelffen thet ich bhraitter stan /
Als er / mein hilff zunemmen an.
Mein Worten möcht er glauben nicht /
500 Ja gonnet mir gar nit das Gsicht /
Mein vnd sein aigner Feind war der /
Dem er gab williges geheer /
Hab vberall nichts vnterlassen /
Ob ich sein Staines Hertz möcht fassen.
505 So hab ich doch so vil als nicht
Mit disem allem außgericht.
Wie kondest doch so gottloß seyn
Verachten Mühe vnd Arbeit mein?
Dein aignes Hail / dein Seel vnd Leben
510 Also verwerffen vnd vergeben?
So vppig seyn / so hochgetragen?
Nichts nach Gott / nichts nach Himmel fragen?

Die Welt / den Teufel lieber haben /
Als Gott vnd seine Gnad vnd Gaben?
515 Wegfliehen von dem Engel dein /
Ins Hertz die Teufel lassen ein?
So geh nun hin zun liebsten dein /
Laß sie deine Patronen seyn;
Ist dir mein hilff nie guet gnueg gwest /
520 So entrath jhr auch jetzt zu lest.
Hiemit sey dir auffkündet heut /
Die alt Patrons Gerechtigkeit;
Kan weiter helffen nit ein tritt /
Vnd kond ichs schon / so wolt ich nit.
525 S p i r. Wirstu mich dann verlassen gar /
In diser meiner höchsten gfahr?
C e n a x. Du hast zuuor verlassen mich.
S p i r. Jetzt aber widerkehre ich.
C e n a x. Ey mein? Weil man auff Erden lebt /
530 In lauter Glück vnd Wolfarth schwebt /
Gantz sicher ohne gfahr dahin /
Weils alles geht nach ewrem Sinn /
Weil man noch ist bey jederman /
In hohen Ehren / vnd wol dran;
535 Die Engel guet thuet jhr verachten /
Jhr fliehet sie wanns euch nachtrachten.
Begegnens / laßt jhr euch nit finden /
Gehn sie voran / so bleibt jhr hinden /
Wölln sie mit euch als Gferrten gohn /
540 So treibt jhr sie von euch daruon.
[141] Die sich bemühen embsigklich /
Euch zuerhalten ewigklich /
Die schliest jhr gäntzlich von euch auß /
Vnd treibet nur das Gspött offt drauß.
545 Erinnerns euch ewrs Ampts vnd Pflicht /
So thut jhr gleich / als hört jhrs nicht.
Wir bitten euch / jhr fahrt doch fort;
Vnd geben wir schon süesse Wort /

Der V. Act. Die 3. Scena. 129

  So habt jhr doch ein scheuhen drab /
550 Betroen wir / ist auch schabab;
  Wir schröcken euch / jhr acht es nicht /
  Wir treiben an / jhr widerficht.
  Wir rueffen euch / vnd graust euch drab /
  Wir schreyen euch / jhr schafft vns ab /
555 Wir thuen euch guets / vnd jhr thuet böß /
  Wir zaigen wie man euch erlöß.
  Wir ghaissen euch deß Himmels Gaben /
  Die wöllet aber jhr nit haben.
  Wir thuen alls was vns möglich ist /
560 Jhr schlagt alls auß auffs möglichist.
  Wanns aber an die Riemen geht /
  Vnd ewer hail an Spitzen steht /
  Da wöllt jhr euch erst schwetzen ein /
  Da wöllt jhr vnsre Dienerl seyn.
565 Da haisset jhr vns groß Patronen /
  Da will man keiner Arbeit schonen /
  Da geht das bitten vnd betten an /
  Da suecht jhr Schutz / wölt seyn wol dran.
  Da praetendiert jhr Grechtigkeit /
570 Wölt machen drauß ein Schuldigkeit.
[142] So doch jhr selber vor der zeit
  So nachlässig gewesen seit /
  Vnd ewer aigne Trew vnd Pflicht
  In obacht habt genommen nicht.
575 Ey soll dann vnser lang Gedult /
  Bey euch verdienn so gar kein Huld?
  So thuen wir billich auch entgegen
  Vns ewres Glücks vnd Hails verwegen.
  So gehe nur hin / laß von der Bitt /
580 Du richtest doch nichts auß darmit;
  Es kan da nichts mehr helffen dich.
  S p i r. Ach weh / ist alls verlohrn vmb mich.

---

561 Wanns aber an die Riemen geht = wenn es aber ans Bezahlen geht.
578 verwegen, sich verwegen (m. Genit.) = von etwas ablassen.

Der V. Act. Die 3. Scena.

P a n. Du merckst zu spat. Habs längst gewist /
Das all dein sach verlohren ist.
585 Darumben dann das man der sach /
Herr Richter / doch ein Ende mach /
Dieweil sich diser / wie man sicht /
Nit kan beschirmen vor Gericht /
Restiert / daß du jetzt richterlich
590 Das Vrthel sprechest auß für mich.
C h r i s t. Bestehstu dise Laster vil /
Die man allda dich zeyhen will?
S p i r. Ach Gott / ich hielte nit darfür /
Daß mans so schwer solt rechnen mir.
595 C o n s c. Er leugt / er hats gewist gar wol
Hab jhn offt truckt / wie ich dann soll.
Das mein hab ich nie vnderlassen /
Hab jhm offt angst gemacht dermassen /
Daß er auff seine aigne sach
600 Gsetzt ein Mißtrawen allgemach /
Gar offt hab ich diß Ghricht gemeldt /
Vnd seinen Augen fürgestellt.
Ich zwar hab seiner nie verschont /
Hat aber Biß vnd Stich gewohnt;
605 Ließ sich nit jrrn mein stetigs nagen /
Damit er nur daruon kund tragen
Ein eytles Lob / ein eytle Ehr /
Die man jhm gab je mehr vnd mehr /
Hat Gottes Vrthel nur veracht /
610 Weil er nach Menschen Vrthel tracht.
Ich reds herauß gantz keck vnd rund /
Laß mir nit binden meinen Mund /
Wann ich schon schweig so hört man mich.
S p i r. O höchster Gott erbarme dich!
615 C h r i s t. Dein bitten alls vergebens ist.
S p i r. Gedenck das du mein Vatter bist.
C h r i s t. Ist auß mit dir. S p i r. Ich bitt / O Herr /
Durch all dein Mühe vnd Arbeit schwer /

Die du außgestanden hie auff Erden /
Da du ein Mensch hast wöllen werden.
C h r i s t. Laß ab. S p i r. Durch die fünff Wunden
C h r i s t. Dein bitten mueß vergebens seyn.   [dein.
S p i r. Ich bitt durch diß dein heiligs Creutz.
C h r i s t. Du richtest nichts / gehe nur beyseits.
S p i r. Durch dein so bitters Leidn vnd Sterben.
C h r i s t. Kain Gnad kanst nimmermehr erwerben.
S p i r. So laßt doch aber jhr euch ein /
Jhr Richter samptlich in gemein.
Erwaicht deß strengen Richters Zorn /
Sonst bin ich ewigklich verlohrn.
O m n. Wer schuldig ist / findt da kein Gnad.
S p i r. Erbarm sich mein der gantze Rath /
Sonst ist es ewig auß vmb mich.
P e t. Es hilfft allda kein bitten dich.
P a u l. O diß Gebett ist wol zu spat /
Wann man erst da will suechen Gnad.
Man solt es längst gesuechet hon.
C o n s c. Was machstu drauß / vnd wann du schon
Solst selber sitzen zu Gericht /
Wurdst dich doch ledig sprechen nicht /
Wie kanstu oder wilstu dann /
Auff andere noch Hoffnung han?
C h r i s t. Der vmbfrag ist vonnöten nicht /
Was ainer sagt / ein jeder spricht;
Weil er war Gottloß all sein Tag /
So geht auff jhn ein scharpffe Klag.
O m n. Auß Gottes Vrthel höchst gerecht /
Sey gurthelt diser falsche Knecht.

DIE 4. SCENA.

Bruno, Lauduinus, Hugo, sambt andern.
Chorus die Music.
Cenodoxus der Doctor.

Die Bsingknuß wird zum andern mahl angestellt; In der Todenpaar erhebt sich abermal ein gereüsch | vnd schreyt der Leichnamb: Er sey vom gerechten Vrthel Gottes geurthelt worden | wird derhalben alles auff den dritten Tag verschoben.

[145] B r u n. Ich hab die gantze lange Nacht /
650 Mit Angst vnd Sorg hindurch gewacht /
Vnd maint / weil ich dacht an die Klag /
Es wolt gar nimmer werden Tag /
Dermassen hat mich gnommen ein /
Der gesterige schröcken mein.
655 L a u d. So last vns abermal hingahn /
Vnd heut die Bsincknuß fangen an.
H u g o. Ach wie ists ein so schröcklich sach /
Anschawen Gottes Zorn vnd Rach /
Vnd hören an deß Richters Stimb /
660 Wann er die Laster strafft mit grimm!
G u a r. Laßt doch von Sünden ab einmal /
Erschrickt ab disem laidign fahl.
Dem strengen Richter fallt zu Füessen /
Mit Rew / mit betten / vnd mit büessen.
665 C e n. Ach / ach bey dem gestrengen Ghricht /
Da man streng geht auff Wag vnd Gwicht /
Bin ich auß Gottes Vrthel ghrecht
Verurthelet: Vnd gschicht mir recht.
O m n. Hilff höchster Gott in deinem Thron /
670 Das Wunder hebt sich wider an.
B r u n. Ach wie hat er jetzt widerumb
Das Haupt so schrecklich gwendt herumb!
H u g. Ist Cenodox von Gott gericht /

Der V. Act. Die 4. Scena.

Jhm selbst sein aigens Vrthel spricht?
675 O Ellend groß / O trawrigs laid!
Was wirds noch werden für ein bschaid!
L a u d. Ach Gott was will diß schröcklich Gsicht?
Was deut doch dise Wundergschicht?
Was ist diß für ein Todenstimm /
680 Die ich so außtrucklich vernimb!
Vnd vns so schröckenlich verkündt /
Was sich in jener Welt befindt!
B r u n. Mir grauset noch / wann ich denck dran /
Wie es sich gestern glassen an:
685 Vnd mehrt sich noch darzue der schrick /
An jetzt mit disem newen blick.
Den todten Leichnamb hör ich an /
Vnd red als selbst halb todt daruon.
H u g. Nun lasset vns heut dise Nacht /
690 Gott bitten bey der Todtenwacht /
Er wöll sein Richterlichen Grimb /
Nicht zornig lassen auß an jhm /
Vnd Cenodoxo gnädig seyn /
Wann er villeicht noch wär in Peyn.
695 B r u n. Wir wollen derweil eingestellt haben /
Den todten Leichnamb zubegraben.
L a u d. Weil er berait schon ist gericht /
So werdet jhr jhm nutzen nicht.
B r u n. Dennoch waiß mans so gar gwiß nicht /
700 Was mueß seyn gwesen für ein Ghricht.
Dann wir von Vnschuldigen auch /
Zusagen haben in dem brauch;
Sie seyen allberait gericht /
Wann man sie schon gar ledig spricht.
705 Mag also Cenodoxus auch
Villeicht geniessen solchen brauch.
O m n. So wöllen wir nun dise Klag /
Verschieben biß zum andern Tag.
B r u n. Was müessn wir nit erleben noch?

710 Wir leben zwar vnd sterben doch.
Wir sollen sterben alle tritt /
Vnd last man vns doch sterben nit.

DIE 5. SCENA.

Christus sampt den andern Richtern.
Spiritus deß Doctors Seel.
Panurgus der Teufel.

Christus / nach dem er dem Sünder sein Vndanckbarkeit mit einer scharpfen Red verwisen / verdambt er jhn mit dem erschröcklichen Vrthel zu den ewig vnd jmmerwehrenden Peynen.

C h r i s t.Ruefft wider her den Schalck so znicht /
Vnd stellet jhn dar / fürs Gericht /
715 Das Vrthel streng zu hören an /
Das jhm werd sein verdienter Lohn /
Die ewigwehrend Höllisch Peyn /
Zu welcher er verdambt mueß seyn.
O m. Es ist dem Bößwicht nach seim Sinn
720 Lang gnueg vngstrafft gangen hin.
C h r i s t. Komb her du Gottvergessner Mann /
Empfang da dein verdienten Lohn.
S p i r. O Richter höchster Miltigkeit /
Straff nit nach strenger Grechtigkeit.
725 C h r i s t. Du Schalck / wo hast doch hingedacht /
Daß du mich also hast veracht?
[148] Daß du so gar vermessenlich
Hast meinem Feind ergeben dich?
Was hab ich dir doch böses thon?
730 Was hat dir mein Feind guets gethon?
Nun / du Vndanckbarer / wolan /
Wir wöllen drüber Rechnung han;

Der V. Act. Die 5. Scena.

    Auß Staub / auß Aschen hab je ich /
    Ja gar auß nichts erschaffen dich /
735 Damit du also solst gewohn /
    Mein Willen vnd Befelch zuthon /
    Dir aber doch gefiel vilmehr
    Zufolgen deß Betriegers Lehr /
    Vnd thetest mein Gebett außschliessen /
740 Das dannoch mich nit thet verdriessen /
    Hab noch bey solcher gstalt vnd massen
    Dir guets zuthuen nit nachgelassen;
    Wie mehrer du mich hast betrüebt /
    Dest mehrer hab ich dich geliebt /
745 Hab gmaint ich raichet nit das zihl /
    Ich thett dann vberflüssig vil.
    Bin drumb von Himmel kommen ich /
    Das ich gen Himmel brächte dich /
    Auff Erd ich darumb wandlen wolt /
750 Daß du die Erd verlassen solt.
    Die Ehr vnd hohe Würdigkeit /
    Hab ich verachtet jederzeit /
    Das auch nach dem Exempel mein /
    Sie sollest achten schlecht vnd klein.
755 Mein fasten / wachen / betten / flehen /
    War alles auff dich angesehen /
[149] Wie ein verlohrnes Schaf hab ich
    Mit Mühe vnd Arbeit gsuechet dich /
    Vnd ob zwar allenthalb bin ich /
760 Kond ich doch nirgends finden dich.
    Groß Vbel / Vnbild / Schmach vnd Schanden
    Hab ich deinthalben außgestanden /
    Hab auch kein scheuch gehabt auff Erden /
    Von anderen verhaßt zuwerden /
765 Nur das ich dich recht liebt allein /
    Als wärestu allainig mein /
    Hab so vil Straich vnd Schläg gedult /
    Für deine Sünd vnd grosse Schuld.

Hab Creutz vnd Tod gern außgestanden /
770 Das du entgiengst deß Teufels Banden /
Verwundt bezeugen Füeß vnd Hend /
Vnd meines Leidens Instrument.
Spieß / Schwammen / Nägel / Hammer / Zangen /
Mit denen hie die Engel brangen.
775 Hieruon will lassen reden ich /
Den Himmel vnd das Erderich /
Daß ich mehr thuen nit konde zwar /
Auch mehr zuthuen nit schuldig war.
Damit ich nur dich brächt zu mir /
780 Vnd mich selbst gantz ergebe dir.
Du aber wurdest nun mehr wild /
Wie mehr ich gegen dir war mild.
Wie mehr ich thate gutes dir /
Dest mehr du thatest böß darfür.
785 Der Vbermuet vnd Hoffart dein /
Wolt vber meine Demuet seyn.
[150] Dein arger gleißnerischer Schein /
Weit vbertraff die ainfalt mein.
Wie mehr ich dir hab guets gethon /
790 Dest mehrer gabstu bösen Lohn.
Die Hoffart groß der Engel mein /
Da sie noch höher wolten seyn /
Die hab ich streng gestrafft vor zeiten /
Vnd mainst man soll dein Hoffart leiden?
795 So geh nun hin zu deinen Gsöllen /
Von mir hinunter in die Höllen.
Hin in das ewig Höllisch Fewer /
Hin in die Flammen vngehewer.
Allda in ewiglicher Peyn /
800 Wird heulen vnd zähnklappern seyn.
Gehe hin du bist in Ewigkeit
Verfluecht / verdambt / vermaledeyt.
S p i r. Ach weh / ach weh / ach ewigs laid /
Ach Jammer / ach Noth in Ewigkait.

805 O m n. Verfluecht / verdambt / vermaledeyt /
Sey diser in all Ewigkeit.
P a n. Jetzt bist mein Gfangner / jetzt bist mein /
Vnd wirst nit enden mein zuseyn.
S p i r. Ach wehe verfluecht sey Tag vnd Nacht /
810 Verfluecht sey wer sie hat gemacht /
Verfluecht sey nochmal Stund vnd Tag /
Vnd wer den Tag ansehen mag.

[151] DIE 6. SCENA.

Bruno sambt den Gsellen.
Cenodoxus der Doctor.

Bruno mit seinen Gsellen / da sie zum dritten mahl die Bsincknuß angehebt / sehen sie den Todten sich zum dritten mahl auffrichten / welcher mit jämmerlichem klagen die angefangne Gebett zu vnterlassen befilcht. Er sey durch das gerechte Vrthel GOttes inn die ewige Verdambnuß verstossen worden. Legt sich darnach / mit grawsamer seiner selbst vnd anderer Verfluechung / widerumb in die Baar.

B r u n. Mit schröck vnd zittern widerumb /
Ich zu der Leich allhero kumb /
815 Daruon ich schon so offt bin gangen /
Mit schröck vnd zittern gantz vmbfangen.
L a u d. O das vns dise Wundergschicht /
Mehr vbels solt bedeuten nicht!
H u g. Das wölle Gott / vnd ich wolts auch /
820 Jedoch nach gwonlichem gebrauch /
So wollen wir an disem Orth /
Hie mit der Bsincknuß fahren fort.
D o c t. Ach weh! ach weh! O m. O Jesu Christ!
D o c t. Ich bin der Armutseligist.
825 Laßt ab / vom betten lasset ab /

Daruon ich kainen Nutz mehr hab /
Jhr könnt mir nit mehr hilfflich sein /
Verfluechet sey die Muetter mein /
Die mich auff dise Welt geborn /
830 Ach weh / ach weh / ich bin verlorn /
[152] Auß ghrechtem Vrthel Gottes ich
Bin schon verdammet ewigklich.
Jetzt fahr ich hin; die Höllisch Flamm /
Schlägt ewigklich ob mir zusamm.
835 O m. Ach Gott / ach Gott / ach strenger Gott /
Sey vns genädig in der Noth.
L a u d. Wir müssen all verloren seyn /
Wann du wilst gehn streng darein?
B r u n. Ach Gott / wie mueß doch ainem seyn /
840 Der fort mueß in die ewig Peyn!
H u g. Ach Gott / wie wird es mir noch gehn?
Wie wird ich dort ainmal bestehn?
L a u d. Ich fall schier vmb vor Angst vnd Noth.
B r u n. Es lust mich weder Lebn noch Todt.
845 O m n. Wo wölln wir hin? Was solln wir thon?
B r u n. Wie wollen wir dem Ghricht entgohn?
H u g. Jhr Zäher kombt mit Rew vnd Leid /
Erwaicht den Richter jetzt bey zeit.
L a u d. Die Träher sollens Hertz begiessen /
850 Vnd reichlich auß den Augen fliessen /
Vnd sollen auch nit lassen nach /
Biß das sein Grimb / sein Zorn vnd Rach
Der strenge Richter lasse fallen /
Vnd güetigklich verschon vns allen.
855 B r u n. Allhie auff Erd / O trewer Gott /
Schlag drein / haw / brenn / schick Angst vnd Noth /
All Creutz vnd Peyn / mit ainem Wort /
Schick her; allein verschon vns dort.
L a u d. O wie seynd Gottes Vrthel schwer /
860 Vor vns verborgen also sehr.
[153] Dann wer war doch von allen newlig

Der V. Act. Die 7. Scena.

    Gehalten allhie für so heilig /
    Als Cenodoxus weit bekannt /
    Mit Heiligkeit im gantzen Land /
865 Doch war all sein Gottseligkeit /
    Kein Tugend / noch kein Heiligkeit.
    B r u n. Ich gehe mit euch hinweck zugleich /
    Von diser laidign Todenleich /
    Weil andern nit kan helffen ich /
870 Will ich doch selbst versorgen mich.

DIE 7. SCENA.

Panurgus, Astherot, Asempholot, die Teufel.
Hypocrisis die Gleißnerey.
Philautia die Aigne Lieb.
Spiritus deß Doctors Seel.

Das Höllisch Hofgsind lacht vnd spottet deß Verdambten /
bringt jhm ein Trunck von Schwefel vnnd Pech zu einem
Willkumb. Darnach ziehen vnd zancken jhn die Teufel mit
sich in Abgrund der Höllen.

    P a n. Ha / ha / wie thuest? Wie kombts dir für?
    Was ist allda zuwider dir?
    Gedunckst dich vnter frembden seyn?
    Du bist doch vnser / wir seynd dein.
875 S p i r. Ach nain / nain. Meine Feind seyd jhr.
    A s t. Ey / deine Herbergherrn seynd wir.
[154] Wie stelst dich jetzund erst so wild?
    Warst gestern doch fein güetig mild.
    S p i r. Ein Lieger vnd Betrieger bist.
880 A s e m p h. Das hast vorhin schon langst gewüst.
    Warumb hastu vns glaubt so sehr?
    S p i r. Ich will euch glauben nimmermehr.
    O m n. Wilkomb / Wolauff Jhr Excellent.

S p i r. Mein wolauff seyn das hat ein Endt.
Ich bin verdorben gantz vnd gar.
P a n. Verderben kanst nit mehr fürwar.
S p i r. Ach / Ach / ich bin verdorben schon!
A s t. Wird dir noch wolgehn / lieber Gspon.
S p i r. Ach / ach / ich bin verdorben schon!
P a n. Ich bin der Mann der helffen kan /
Jetzt wirst erfahren aigentlich /
Daß noch nit gar ist auß mit dich.
Nimb hin den Trunck vnd sauff jhn auß /
Will dir einschencken nach der Pauß.
S p i r. Zu trincken hab ich jetzt kein lust.
O m n. Ho ho / mein Gsell / wilt nit so must.
P a n. Trincks auß / stürtz fein den Becher vmb /
Es ist deß Fürsten Willekhumb.
S p i r. Verfluecht sey alles Menschlich gschlecht /
Verfluecht sey grecht vnd vngerecht;
Verfluecht sey alles was da ist /
Zu obrist vnd zu vnterist.
P h i l. Wie hat dir diser Trunck geschmeckt?
S p i r. Verfluechet sey was in dir steckt.
Du ewigklich verfluechte Pest /
Die du bist mein verderben gwest.
H y p. Ey lieber / nit so seltzam sey /
Du kennst ja mich / dein Gleißnerey.
S p i r. Verfluecht seystu / O Gleißnerey /
Die Aigne Lieb verfluechet sey /
Verfluecht sey Vatter vnd Muetter mein /
Verfluecht all Creaturen seyn.
A s t h. Ey wol ein schöner Wunsch das ist!
H y p. Gar Göttlich; Dann du Göttlich bist.
P a n. Er schickt sich in vns trefflich fein.
A s t h. Hat gar ein glirnigs Köpfelein:
P h i l. Der weise König Salomon /

916 glirnigs = gelehriges.

Der V. Act. Die 7. Scena.

Der hett jhms kaum beuor gethon.
H y p. Das Hertzlein war er allezeit /
920 Der Weißheit vnd der Gschicklichkeit.
P a n. So mueß er werden Praesident /
Beym Höllischen SchuelRegiment.
S p i r. Verfluecht sey alle Schuel vnd Lehr.
H y p. Hast doch daruon groß Lob vnd Ehr.
925 S p i r. Groß Ellend / vnaußsprechlichs laid /
Hab ich daruon in Ewigkait.
A s t. Er kund gar stattlich rathen drein /
Der Sathan wird bedörffen sein.
P a n. Er wird jhm machn ein Prouison /
930 In Ewigkeit zu zöhrn daruon.
P h i l. Wie lebstu jetzt so seligklich!
S p i r. Ach / ach / wie so ellendigklich!
P h i l. Du waist nit wie dir ist so wol.
S p i r. Ach / ich waiß ja nit! schmertzens voll!
935 P a n. Du wirst bald wissen. Ist dir bang?
A s e m p h. Der Höllen ist die weil zulang.
[156] Der obrist Fürst will mit jhm brangen /
Der wartet seiner mit verlangen /
Vnd will jhn setzen nit von weitten /
940 Ja znegst gar an sein rechte seitten.
Die gröste Ehr vergunt jhm er.
S p i r. Verfluecht / verfluecht sey solche Ehr.
O m n. Wolan last vns doch fahren fort /
Mit jhm an sein verdientes Orth.
945 S p i r. Ach / ach verfluecht sey Himmel vnd Erd /
Verfluecht sey alles was drein khert.
P a n. Nun wollen wir den Leichnamb tod /
Fortschlaipfen hinauß in das Khot /
Biß er zu seiner zeit einmal /
950 Auch in die Höll hinunder fall.

---

929 Prouison = Pfründe.

DIE 8. SCENA.

Cenodoxophylax der SchutzEngel sampt dem EngelChor.

Der SchutzEngel klagt seinen Himmlischen Geferten | wie er ohne frucht sein Ampt vollzogen. Sie antworten jhm mit seufftzen | es seyen zwar jhre vntergebne noch bey leben | sey aber die beysorg | daß es nit mit etlichen eben ein solchen Außgang nemme.

    C e n a x. Jhr Mitgeferten außerlesen /
Seyt jhr bey meiner Klag gewesen?
O m n. Darbey seynd all gewesen wir.
C e n a x. Habts auch mitleiden ghabt mit mir?
955   1. A n g. Ja freylich hertzlich vberauß /
Was wilstu aber machen drauß?
[157] Du hast durchauß kein schuld daran /
Dein Doctor hat jhms selbst gethan.
    C e n a x. Das waiß ich / liebste Gsellen mein;
960 Wann aber ich mueß jnngedenck seyn /
Was / vnd wie offt / wie vil ich mich /
Bemühet hab vergebenlich /
In Hoffnung / er soll guet thuen doch /
Gschach aber nit / das schmertzt mich noch.
965 1. A n g. Nit vnbillich hats wehe thuen müessen.
2. A n g. Dann wen solt es doch nit verdriessen /
Das ein so schlechte Creatur /
So hohe Dienst verachtet nur /
Ein Staub vnd Asch verwegen gantz /
970 Schlägt hilff der Engel in die Schantz.
1. A n g. Es ist nit ohn / jedoch gleichwol /
Mich diß so fast nit kommern soll /
Weil sie es auch Gott selber thon /
Vnd geben jhm so letzen Lohn /
975 Für seine Wolthat die er vil /
Gibt täglich ohne maß vnd zihl.
    C e n a x. Gar recht. Vnd eben dises falls /

Hab auch ich dultig glitten alls.
1. A n g. Deim Ampt hast nun ein gnügen than /
980 Jetzt wirstu dise Erd verlan.
C e n a x. Von diser Erden ich jetzt weich /
Will forthin seyn im Himmelreich.
2. A n g. Wir aber wöllen bleiben hie /
Vnd sparen keinen fleiß noch Mühe /
985 So lang die jenigen noch leben /
Die vnserm Schutz seynd vntergeben.
[158] C e n a x. Der gütigiste Gott verleich /
Daß besser als mir glinge Euch.
1. A n g. Ach wie wirds jetzt dem meinen gehn?
990 2. A n g. Ach Gott / wie wird der meinig bstehn?
1. A n g. Gar offt steh ich in sorgen hoch /
Das ich nit müeß erfahren noch /
Es sey mein Mühe / mein Fleiß / mein Kunst /
Auch worden angewendt vmbsunst.
995 C e n a x. So stell nun für dem deinigen /
Das Exempel deß meinigen.
Damit er sich erspiegle drinn /
Allde / ich fahr gen Himmel hin.
O m n. Wir wöllen dich beglaiten mit.
1000 C e n a x. Ach nain / ich triumphiere nit.
Ich hab kein Beut / kein Sig vom Stritt /
Daher darffs auch keins brangens nit.
Weil je mein Vnderthon seintwegen
Kein Frewd mir hat vergonnen mögen.

CHORVS.

1005 Fahr hin zu Gott ins Himmels Thron /
    Hab Ruhe / dein Arbeit ist gethon.
Ob schon auff Erd nichts führst daruon /
    Gibt doch der Himmel dir den Lohn.

Der V. Act. Die 9. Scena.

[159]   DIE 9. SCENA.

Bruno sambt seinen Gsellen.

Bruno weil er disem erschröcklichen Spectacl beygewohnt | ist jhm solches starck zu Hertzen gangen | nimbt jhm derwegen für | sich auß der Statt in die Wildtnuß zubegeben | erwöhlet hierzue etlich außerleßne Jüngling: Erklärt jhnen sein Gemüet | wirfft allen Pracht vnd Eytelkeit diser Welt von sich | nimbt von seinen Gsellen Vrlaub; die aber auch sampt jhme die Welt verlassen. Ist also Cenodoxus jhme selber höchstschädlich | Brunoni aber höchstnutzlich gewesen.

    B r u n. Warumb ich euch geruefft herein /
1010 Wird zsagen vnuonnöten seyn /
    Weil ohne das ist wißlich euch /
    Das vrsach ist die schröcklich Leich:
    Vnd wann gleich ich schon schwige still /
    Redt doch der Todt mehr als zu vil.
1015 Sein Stimb die mir groß schrecken macht /
    Ligt mir in Ohren Tag vnd Nacht.
    Mitten in Kurtzweil vnd in Frewd /
    Wird mir all Lust vnd Frewd erleydt.
    Alls was auff Erden ist / kombt mir
1020 Fast allessamb verdächtlich für.
    All Weltlich Kurtzweil / alle Freid /
    Ist mir nur ein Verdrießlichkeit.
    Vil Gold vnd Silber / Guet vnd Haab /
    Vertreibt mich an den Bettelstab.
1025 All Weltliche Wollustbarkeit /
    Ist mir ein Peyn vnd Bitterkeit.
[160] Forthin jetzund so lang ich leb /
    Nur zwischen Forcht vnd Hoffnung schweb.
    Thue was ich wöll / trinck oder eß /
1030 Sitz oder gehe / schreib oder leß /
    Ich sinne oder ich studier /
    Ich concipier vnd meditier /

Der V. Act. Die 9. Scena.

Halt Ansprach / oder disputier /
So kombt mir Cenodoxus für.
1035 Der ligt mir Tag vnd Nacht im Sinn /
Wie er dort in der Höllen brinn.
Schlaf ich / vnd gehn mir dAugen zue /
So weckt er mich auff auß der Rhue.
Wach ich / so macht er mir sehr bang /
1040 In Summ / was will ich sagen lang /
Zum leben ich kain Lust mehr hab /
Zum sterben schröcket Er mich ab.
S t e p h. Mir eben hat das Hertze mein /
Auch diser Schröck genommen ein /
1045 Vnd gleichesfals thue ich anstahn /
Was ich doch solte fangen an.
A n d r. Herr Bruno gebt vns guten rath /
Dem wollen wir auch geben stat.
B r u n. Ich bin gedacht jhr Mitgesellen /
1050 In Friden mich sambt Euch zustellen /
Dann mich verdriest so gantz vnd gar /
Zu leben in so grosser gfahr /
Darinn ich (wie erst ist geschehen)
Hab andere verderben sehen.
1055 O m n. Wir halten es auch alle mit /
Vnd können vns doch helffen nit.
B r u n. Jhr wisset / liebste Freunde mein /
Was er geführt hat für ein schein
Der Tugend vnd der Heiligkeit /
1060 Auff Erd in seiner Lebenszeit.
Vnd mueß doch jetzt verdammet seyn /
Dort ewig in der Höllen Peyn.
O m n. Er hats vor allen selbst bekennt.
A n d r. Kein Vrsach aber hat er gnennt.
1065 B r u n. Wolt Gott das der verdambte Mann /
Hett klärlicher gezaiget an /
Die Vrsach der Verdambnuß sein /
Vnd was jhn bracht hab in die Pein /

So hetten wir dieselbig Sünd /
1070　Die jhn verderbt / geflohen gschwind.
       Doch wann mans recht erwegen will /
       In dem ers hat geschwigen still /
       Hat er die Vrsach besser gmelt /
       Vnd hailsamblicher fürgestelt.
1075　Hett er gesagt / der Neid vnd Haß /
       Die hetten jhm verursacht das /
       Wir wurden gwißlich vns alßbalden /
       Vor Neyd vnd Haß mit fleiß enthalten:
       Die andern Laster truegen wir /
1080　Dannoch im Buesen für vnd für.
       Vnd saget er / sein Vbermuet
       Hat jhn gebracht zur Höllen Gluet /
       So wolten wir vns hüetten sehr /
       Vor Vbermuet vnd eytler Ehr.
1085　Vnd mainten wir / es wäre gar /
       Bey andern Lastern kein gefahr /
[162]　So hat er nun verschwigen recht /
       Der Sünden aigentlichs Geschlecht:
       Vnd kaine gnennt jnsonderhait /
1090　Die jhn gebracht in ewigs laid:
       Damit wir hüetten vns vor allen /
       Vnd gar in kaine Sünden fallen.
       S t e p h. Der Herr redt von der sach gar wol /
       Jedoch vor wem dann einer soll
1095　Am allermaisten hüetten sich /
       Verlangt zuwissen die vnd mich.
       B r u n. Der Doctor hat vns gwarnet wol /
       Vor weme man sich hüetten soll /
       Vor allem nemblich auff der Welt /
1100　In dem er vns hat fürgestelt /
       Zuhüetten vor eim solchen Todt /
       Dauor vns wöll behüeten Gott.
       Wer nit will solchen Todt noch leiden /
       Der mueß ein solches Leben meiden /

Der V. Act. Die 9. Scena.

1105 Ach Gott / ach was mueß es doch seyn /
　　　In Ewigkeit dort leiden Peyn /
　　　In ewigklicher Flammen sitzen /
　　　In ewigen Todtsängsten schwitzen /
　　　Allda der ewig Wurm nagt /
1110 Der das gottloß Gewissen plagt.
　　　Will lieber schweigen gar hieruon /
　　　Als nur ein wenig Meldung thon.
　　　Sag was ich wöll von diser Peyn /
　　　Wirds wenig doch / ja gar nichts seyn;
1115 Ja / sag ich es schon lang vnd brait /
　　　So ists noch lautter Lieblichait /
[163] Noch lauter Kurtzweil / lauter Freid /
　　　Noch lauter süesse Seeligkeit /
　　　Verglichen gegn der Höllen Peyn /
1120 Darinnen die Verdambten seyn.
　　　Nur diß allain ich sagen will /
　　　Vnd wills auch sagen offt vnd vil /
　　　Man frage mich so offt man wöll /
　　　Vom grossen Ellend in der Höll: [nicht /
1125 Man glaubt es nicht / man glaubt es
　　　Man glaubt es nicht / was man dort sicht.
　　　Gib Zeugnuß du verdambter Mann /
　　　Jetzunder komb vnd zaig vns an.
　　　Hastu auch ein Ergetzlichkeit /
1130 Von deiner Eytlen Herrlichkeit?
　　　Hast nun / sprich ich / ein Waigerung klein /
　　　Dort vnden in der Höllen Peyn?
　　　Kan dann dein grosses Lob vnd Nammen /
　　　Jetzt löschen auß die Höllisch Flammen?
1135 Die mit erschröcklichistem grauß /
　　　So jämmerlichen schlagen auß:
　　　Hoch vber dich / vnd vmb dich weit /
　　　In Ewigkeit / in Ewigkeit.

1131 Waigerung, Wägerung = Besserung.

Jetzt hats einmal ein Endt bey dir /
1140 Was so vergebens suechen wir.
Wir Menschen thorecht vnd verblendt /
All setzen vnser Zihl vnd Endt /
Allhie auff Erd in diser Zeit /
Nach Dignitet vnd Würdigkeit.
[164] Vnd werdens ainmal gwißlich doch /
1146 Wie schädlichs Gifft verfluechen noch /
Ach / laider / aber gar zu spat /
Wann der sach ist kein hilff / kein rath.
Ein solche Rew kost gar zuvil /
1150 Dem Vbel ich vorkommen will.
Jhr liebe Freund vnd Gsellen mein /
Doch werd jhrs forthin nit mehr seyn.
O m n. Wir seynd vnd bleibn ja jederzeit /
Deß Herren Freund in Laid vnd Freid.
1155 H u g. Wie da / Herr Bruno / was ist das?
Der Herr wolt gehn die Himmelstraß.
Vns aber wolt er vberlassen /
Die schröcklich tieffe Höllenstrassen?
Euch folg ich nach / ich folge nach /
1160 Dann mich bewegt die gfährlich sach.
B r u n. Fahr hin der Welt Wollustbarkeit /
Fahr hin all eytle Herrlichkeit:
Hinweck mit euch jhr Klaider zart /
So waicher vnd subtiler art /
1165 Hinweck jhr Ring vnd Guldin Ketten /
Darinn ich bin daher getretten /
In denen vns die eytle Welt /
Gleichsamb für jhre Gfangne helt.
Jhr Würdigkeiten fahret hin /
1170 Wann man von euch hat solchen gwin.
Vnd weil jhr gebet solchen Lohn /
Denen die euch gedienet hon.
Jhr sollt mich nit zum Thoren machen /
Will selber ewrer Torheit lachen.

Der V. Act. Die 9. Scena.

[165] H u g. Fahrt hin jhr Reichthumb / Guet vnd Gelt /
1176 Vnd alles was gefelt der Welt.
  Fahrt hin jhr Griffle der Juristen /
  Die machen manchen bösen Christen.
  B r u n. Wolan jhr liebe Herren mein /
1180 Gott wöll ewer Bewahrer seyn.
  Will lieber von dem allen sterben /
  Dann so ellendigklich verderben.
  O m n. Von Euch so weichen wir kein tritt.
  S t e p h. Wohin jhr geht / gehn wir auch mit.
1185 Doch führet vns nur weit hindan /
  Vom Weeg / den der verdambte Mann
  Der Cenodoxus gangen ist.
  A n d r. Mit Euch zu gehn bin ich gerust.
  O m n. Brunoni folgt der gantze Hauf.
1190 B r u n. Mich helt nichts auff der Welt mehr auf.
  All zarte Klaider müsten weck /
  Diß härin Klaid mein Leib bedeck /
  Den will ich nun mortificiern /
  Torquiern / plagen vnd vexiern.
1195 Mit schlagen vnd discipliniern /
  Mit strengem Fasten consumiern /
  Mit wachen / betten / occupiern /
  Vnd allermassen suppremiern.
  Jhn bringen in die Dienstbarkait /
1200 Auff das er mich nit bring in Laid.
  Mein Sinn steht in ein wilden Wald /
  Damit ich dort mein Seel erhalt /
  Daß es mir nit auch also geh /
  Vnd wie dem Cenodoxo gscheh.
[166] O m n. Diß haben auch wir all im Sinn /
1206 Wir gehn zugleich mit Euch dahin.
  Brun. kniet nider vnd beschleust:
  O Gott gib vns dein Krafft vnd Sterck /

1194 vexiern = quälen.

Zu disem angefangnen Werck /
Gib Gnad vnd Segen Jesu Christ /
1210 Der du der wahre Heyland bist.
Seel / Hertz vnd Gmüet / sambt Leib vnd Leben /
Sey dir in Ewigkeit ergeben.
Fahr hin / O Welt / mit Guet vnd Gelt /
Fahr hin all Frewd auff diser Welt.

ENDE.

LITERATURHINWEISE

„Cenodoxus"-Texte

Drucke:

Jakob Bidermann: Cenodoxus, Comico-Tragoedia. In: Ludi theatrales sacri sive opera comica posthuma à R. P. Jacobo Bidermanno Soc. Jesu theologo olim conscripta [...]. Pars prima. Typis Joannis Wilhelmi Schell. Monachii M. DC. LXVI. S. 78–159. – Neudr. Hrsg. von Rolf Tarot. Tübingen: Niemeyer, 1967. (Deutsche Neudrucke. Reihe Barock. 6.)

CENODOXVS Der Doctor von Pariß. Ein sehr schöne Comaedi / von einem verdambten Doctor zu Pariß [...]. Vor etlich Jahren durch den Ehrwürd: P. Iacobum Bidermannum Soc. IESV Theologum in Latein gestellt: Vnd an jetzt Durch M, Ioachimum Meichel [...] verteutscht. Getruckt zu München bey Cornelio Leysserio [...]. In Verlag deß Teutschen Authoris. M. DC. XXXV. [Exemplare: Deutsche Staatsbibliothek Berlin, Sign. Yq. 4031 – z. Z. Westdeutsche Bibliothek Marburg. Thüringische Landesbibliothek Weimar, Sign. 15,8: 5ᵃ.]

Jakob Bidermann: Cenodoxus. Übers. von Joachim Meichel. In: Das Ordensdrama. Hrsg. von Willi Flemming. Leipzig: Reclam, 1930. (Deutsche Literatur. Sammlung literarischer Kunst- und Kulturdenkmäler in Entwicklungsreihen. Reihe Barock. Barockdrama. 2.) S. 47 bis 183.

Jakob Bidermann: Cenodoxus. (Übers. von Joachim Meichel.) In: Deutsche Dichtung des Barock. Hrsg. von Edgar Hederer. München: Hanser, [1954]. S. 265–417. – Einzelausg. Ebd. [1958]. – 6., rev. und erw. Ausg. Hrsg. von Karl Pörnbacher. Ebd. 1979. [Dort S. 331–483.]

Jakob Bidermann: Cenodoxus. Abdruck nach den „Ludi theatrales" (1666) mit den Lesarten der Kelheimer und Pollinger Handschrift. Hrsg. von Rolf Tarot. Tübingen: Niemeyer, 1963. (Neudrucke deutscher Literaturwerke. N. F. 6.) [Nach dieser Ausgabe wird zitiert.]

Jacob Bidermann: Cenodoxus. (Lat./Engl.) Ed. and transl. by Denys G. Dyer. Joint translator Cecily Longrigg. Edinburgh: Edinburgh University Press, 1975. (Edinburgh Bilingual Library. 9.)

Handschriften:

Handschrift aus dem Kloster Kelheim (Sigle: k). Heute: Bayerische Staatsbibliothek München, Sign. clm 8089. – „Tragoediae / De Doctore parisiensi [...]." S. 23^v–75^v.

Handschrift aus dem Kloster Polling (Sigle: p). Heute: Bayerische Staatsbibliothek München, Sign. clm 11797. – „Cenodoxus Comicotragedia." S. 151^v–191^v, 227^r–234^r.

Bearbeitungen:

Jakob Bidermann / Joachim Meichel: Cenodoxus, der Doktor von Paris. Das Spiel vom Besonderen Gericht. Erneuert von Heinrich Bachmann. Berlin 1932.

Cenodoxus, Doktor von Paris. Schauspiel in drei Teilen nach Jakob Bidermann von Joseph Gregor. München 1934.

Der Doktor von Paris, ein Spiel vom glücklichen Leben und unglücklichen Sterben. Nach dem „Cenodoxus" von Jakob Bidermann S. J. [...] bearbeitet von P. Vinzenz Großheutschi. Bregenz o. J.

Bidermann–Meichel: Cenodoxus, der Doktor von Paris. Spiel in fünf Akten. Erneuert von Franz Jost. Brig 1932.

Cenodoxus, der Doktor von Paris. Ein Spiel in vier Akten nach Jacobus Bidermann [...] bearbeitet von Herbert Rommel. München [1932].

Jakob Bidermann: Cenodoxus. Der Doktor von Paris. Schauspiel in fünf Akten, übersetzt und eingerichtet von P. Stephan Schaller O. S. B. München 1953.

Weitere Textausgaben

Jakob Bidermann: Belisarius. Hrsg. von Harald Burger. In: H. B.: Jakob Bidermanns „Belisarius". Edition und Versuch einer Deutung. Berlin 1966. (Quellen und Forschungen zur Sprach- und Kulturgeschichte der germanischen Völker. N. F. 19.)

Macarius Romanus de J. Bidermann. Réédition et introduction. Hrsg. von Jean-Marie Valentin. In: Humanistica Lovaniensia 19 (1970) S. 365 bis 469.

Jacob Bidermann: Philemon Martyr. Lat./Dt. Hrsg. und übers. von Max Wehrli. Köln/Olten 1960.

Periochen-Edition

Szarota, Elida Maria: Das Jesuitendrama im deutschen Sprachgebiet. Eine Periochen-Edition. Texte und Kommentare. Bd. 1: Vita humana und Transzendenz. 2 Tle. München 1979. – Bd. 2: Tugend- und Sündensystem. 2 Tle. München 1980. – Bd. 3: Konfrontationen. 2 Tle. München 1983.

Bibliographien

[Backer/Sommervogel:] Bibliothèque de la Compagnie de Jésus. Première Partie: Bibliographie, par les Pères Augustin et Aloys de Backer. Nouv. éd. par Carlos Sommervogel, S. J. Brüssel/Paris 1890. Neudr. Löwen 1960.
Bradner, Leicester: A Check-List of Original Neo-Latin Dramas by Continental Writers printed before 1650. In: Publications of the Modern Language Association of America 58 (1943) S. 621–633.
Griffin, Nigel: Jesuit School Drama. A Checklist of Critical Literature. London 1976. (Research Bibliographies and Checklists. 12.)
Valentin, Jean-Marie: Beiträge zur Bibliographie des Jesuitentheaters. Ausländische Bibliotheken 1. In: Daphnis 7 (1978) S. 155–179.
– Nouvelle contribution à la bibliographie du théâtre des jésuites (bibliothèques non allemandes 2). In: Daphnis 7 (1978) S. 463–495.
Dünnhaupt, Gerhard: Bibliographisches Handbuch der Barockliteratur. 100 Personalbibliographien deutscher Autoren des 17. Jahrhunderts. 3 Bde. Stuttgart 1980–81. (Hiersemanns bibliographische Handbücher. 2.) [Zu Bidermann Bd. 1, S. 297–321.]
Valentin, Jean-Marie: Le théâtre des Jésuites dans les pays de langue allemande. Répertoire chronologique des pièces représentées et des documents conservés. 1555–1773. 2 Tle. Stuttgart 1983–84. (Hiersemanns bibliographische Handbücher. 3,1.2.)

Forschungsberichte

Tarot, Rolf: Literatur zum deutschen Drama und Theater des 16. und 17. Jahrhunderts. Ein Forschungsbericht (1945–1962). In: Euphorion 57 (1963) S. 411–453. [Zum Ordensdrama S. 435–439.]
Valentin, Jean-Marie: Etudes récentes sur le théâtre des Jésuites. Problèmes et méthodes. In: Etudes Germaniques 22 (1967) S. 247–253.

Valentin, Jean-Marie: Le séminaire de Bologne sur le théâtre néo-latin
 religieux (28 août 1979). Résultats et propositions. In: Humanistica
 Lovaniensia 29 (1980) S. 300–307.
Wimmer, Ruprecht: Neuere Forschungen zum Jesuitentheater des
 deutschen Sprachbereiches. Ein Bericht (1945–1982). In: Daphnis 12
 (1983) S. 585–692.

Literatur zu Bidermann und zum Jesuitentheater

Agricola, Ignatius: Historia Provinciae Societatis Jesu Germaniae Superioris. Tl. 1 (authore Ignatio Agricola): 1541–1590. Augsburg
 1727. – Tl. 2 (ders.): 1591–1600. Ebd. 1729. – Tl. 3 (authore Adamo
 Flotto): 1601–1610. Ebd. 1734. – Tl. 4 (auctore Francisco Xaverio
 Kropf): 1611–1630. München 1746. – Tl. 5 (ders.): 1631–1640. Augsburg 1754.
Barner, Wilfried: Barockrhetorik. Untersuchungen zu ihren geschichtlichen Grundlagen. Tübingen 1970. S. 321–366: Rhetorik an den Jesuitengymnasien.
– Streitschriften und Theater der Jesuiten als rhetorische Medien. In:
 Deutsche Barockliteratur und europäische Kultur. Hamburg 1977.
 S. 242 f.
Best, Thomas W.: Jacob Bidermann. Boston 1975.
– Jacob Bidermann's „Cenodoxus" and Tirso de Molina's „El mayor
 desengaño". In: Opitz und seine Welt. Festschrift für George
 Schulz-Behrend. Hrsg. von Barbara Becker-Cantarino und Jörg-Ulrich Fechner. Amsterdam 1990. S. 57–70.
Bielmann, Joseph: Die Dramentheorie und Dramendichtung des Jakobus Pontanus S. J. (1542–1626). In: Literaturwissenschaftliches Jahrbuch der Görres-Gesellschaft 3 (1928) S. 45–85.
Bischof, P. Berchtold: Jakob Bidermanns „Joannes Calybita". Textgeschichtliche Untersuchungen. Diss. Freiburg (Schweiz) 1932.
– Jakob Bidermanns „Calybita". In: Literaturwissenschaftliches Jahrbuch der Görres-Gesellschaft 4 (1929) S. 103–114.
Bolte, Johannes: Eine Verdeutschung von Bidermanns Cenodoxus. In:
 Jahrbuch für Münchener Geschichte. Bd. 3. Bamberg 1889. S. 535–541.
Boogerd, Leonardus van den: Het Jezuitendrama in de Nederlanden.
 Groningen 1961. (Diss. Nimwegen 1961.)
Braunek, Manfred: Jakob Bidermanns „Cenodoxus". In: Das 17. Jahr-

hundert in neuer Sicht. Stuttgart 1969. (Der Deutschunterricht. Beih. 21.) S. 29–45.
- Das frühbarocke Jesuitentheater und das politische Agitationstheater von Bertolt Brecht und Erwin Piscator. Ein Vergleich des didaktischen Stils. In: Der Deutschunterricht 21,1 (1969) S. 88–103.

Braungart, Georg: Jakob Bidermanns „Cenodoxus": Zeitdiagnose, superbia-Kritik, komisch-tragische Entlarvung und theatralische Bekehrungsstrategie. In: Daphnis 18,4 (1989) S. 581–640.

Burger, Harald: Jakob Bidermanns „Belisarius". Edition und Versuch einer Deutung. Berlin 1966.

Dachs, Hans: Ein geistliches Drama der Barockzeit. In: Verhandlungen des Historischen Vereins von Oberpfalz und Regensburg 92 (1951) S. 161–173. [Zu „Cenodoxus"-Szenen in den Glasmalereien der Kartause Prüll bei Regensburg.]
- Jacob Bidermann und sein „Cenodoxus". In: Bayerische Literaturgeschichte. Hrsg. von Eberhard Dünninger und Dorothee Kiesselbach. Bd. 2. München 1967. S. 81–97.

Dülmen, Richard van: Die Gesellschaft Jesu und der bayerische Späthumanismus. Ein Überblick. Mit dem Briefwechsel von J. Bidermann. In: Zeitschrift für bayerische Landesgeschichte 37 (1974) S. 358–415.

Dürrwaechter, Anton: Jakob Gretser und seine Dramen. Freiburg (Brsg.) 1912.
- Jakob Bidermann und das Jesuitentheater. In: Die Kultur 4 (1902/03) S. 144–150.

Duhr, Bernhard, S.J.: Geschichte der Jesuiten in den Ländern deutscher Zunge. 4 Bde. Freiburg (Brsg.) / Regensburg 1907–28.

Dyer, Denys G.: Jakob Bidermann. A Seventeenth Century German Jesuit Dramatist. Diss. Cambridge 1950. [Masch.]
- Jacob Bidermann's Use of Comedy. In: German Life and Letters 34 (1980/81) S. 11–16.

Ehret, Joseph: Das Jesuitentheater zu Freiburg in der Schweiz. Freiburg (Schweiz) 1921.

Elbracht-Hülseweh, Lucie: Jakob Bidermanns „Belisarius". Berlin 1935.

Feyock, Hertha T.: Das Märtyrerdrama im Barock. „Philemon Martyr" von Jacob Bidermann, „Le Véritable Saint Genest" von Jean Rotrou, „Théodore, Vierge et Martyre" von Pierre Corneille, „Catharina von Georgien" von Andreas Gryphius. Ein Vergleich. Diss. Colorado University 1966.

Fitzgerald, Gerald Pierce: Jakob Bidermann, „Cenodoxus" and Baroque Latin. Diss. Harvard 1963.

Flemming, Willi: Geschichte des Jesuitentheaters in den Landen deutscher Zunge. Berlin 1923.

Frèches, Claude-Henri: Le théâtre néo-latin au Portugal (1550–1745). Paris/Lissabon 1964.

Gabel, Gernot Uwe: Drama des deutschen Barock. Eine Handbibliographie der Sekundärliteratur. Hamburg 1974. S. 76–85.

Haas, Carl Max: Das Theater der Jesuiten in Ingolstadt. Emsdetten 1958.

Happ, Alfred: Die Dramentheorie der Jesuiten. Diss. München 1922. [Masch.]

Hess, Günter: Spectator – Lector – Actor. Zum Publikum von Jakob Bidermanns „Cenodoxus". Mit Materialien zum literarischen und sozialgeschichtlichen Kontext der Handschriften von Ursula Hess. In: Internationales Archiv für Sozialgeschichte der deutschen Literatur 1 (1976) S. 30–106.

IJsewijn, Jozef: Symbola ad studium theatri latini Societatis Jesu. In: Revue belge de philologie et d'histoire 43 (1965) S. 946–960.

– Companion to Neo-Latin Studies. Amsterdam / New York / Oxford 1977. [Mit bibliographischen Angaben S. 282–288.]

Juhnke, Siegfried: Bidermanns „Cenodoxus" 1617 in Ingolstadt. Eine Studie zur Publizistik der frühen Jesuitenbühne. Diss. FU Berlin 1957. [Masch.]

Klein, Johannes: Modellversuch zu einer „Cenodoxus"-Aufführung. In: Maske und Kothurn 11 (1965) S. 344–352.

Köster, Udo: Überlegungen zur Soziologie der Barockliteratur am Beispiel zweier Jesuitendramen („Cenodoxus" und „Philemon Martyr" von Jakob Bidermann). In: Germanisch-Romanische Monatsschrift. Beih. 1: Literatur und Gesellschaft im deutschen Barock. 1979. S. 127–138.

Krapf, Ludwig: Die dramatische Agitation des Jakob Bidermann. Einige Überlegungen zum nicht-aristotelischen Theater der Jesuiten. In: Akten des V. Internationalen Germanisten-Kongresses Cambridge 1975. Jahrbuch für Internationale Germanistik. Reihe A: Kongressberichte. Bd. 2,3. 1976. S. 124–131.

Lenhard, Peter-Paul: Religiöse Weltanschauung und Didaktik im Jesuitendrama. Interpretationen zu den Schauspielen Jakob Bidermanns. Frankfurt a. M. / Bern 1977.

Morsbach, Charlotte: Jakob Bidermanns „Philemon Martyr" nach Bau und Gehalt. Diss. Münster 1936.

Müller, Günther: Deutsche Dichtung von der Renaissance bis zum Ausgang des Barock. Darmstadt ²1957.
Müller, Johannes, S. J.: Das Jesuitendrama in den Ländern deutscher Zunge vom Anfang (1555) bis zum Hochbarock (1665). 2 Bde. Augsburg 1930.
Murdoch, Brian: Devils, Vices and the Fall. Dramatic Patterns from the medieval Mystery to Bidermann's „Cenodoxus". In: Maske und Kothurn 23 (1977) S. 15–30.
Nachtwey, Hermann Joseph: Die Exerzitien des Ignatius von Loyola in den Dramen Jakob Bidermanns S. J. Diss. Münster 1937.
Nessler, Nikolaus: Dramaturgie der Jesuiten Pontanus, Donatus, Masenius. Programm Brixen 1905.
Pörnbacher, Hans: Jakob Bidermann. In: Lebensbilder aus dem bayerischen Schwaben. Bd. 10. Weißenhorn 1973.
Rädle, Fidel: Das Jesuitentheater in der Pflicht der Gegenreformation. In: Daphnis 8 (1979). Sonderh.: Gegenreformation und Literatur. Hrsg. von Jean-Marie Valentin. S. 167–199.
– Gottes ernstgemeintes Spiel. Überlegungen zum welttheatralischen Charakter des Jesuitendramas. In: Theatrum Mundi. Sonderbd. des Jahrbuchs der Görres-Gesellschaft. Berlin 1981. S. 135–159.
Reinhardstöttner, Karl von: Zur Geschichte des Jesuitentheaters in München. In: Jahrbuch für Münchener Geschichte. Bd. 3. Bamberg 1889. S. 53–176.
Rütsch, Julius: Das dramatische Ich im deutschen Barocktheater. Horgen/Zürich/Leipzig 1932.
– Die Bedeutung Jacob Bidermanns. In: Trivium 5 (1948) S. 263–282.
Sadil, Meinrad: Jakob Bidermann, ein Dramatiker des 17. Jahrhunderts aus dem Jesuitenorden. In: Jahresbericht des k. u. k. Ober-Gymnasiums zu den Schotten in Wien. Jg. 1898/1899. S. 3–32. Jg. 1899/1900. S. 3–48.
Scaduto, Mario: Il teatro gesuitico. In: Archivum historicum Societatis Jesu 36 (1967) S. 194–215.
Scheid, Nikolaus: Das lateinische Jesuitendrama im deutschen Sprachgebiet. In: Literaturwissenschaftliches Jahrbuch der Görres-Gesellschaft 5 (1930) S. 1–96.
– Der Jesuit Jakob Masen. Köln 1898.
Schenk, Ingeborg: Komik im deutschen Barocktheater. Diss. Wien 1946. [Masch.]
Schmidt, Joseph H. K.: Die Figur des ägyptischen Joseph bei Jakob Bi-

dermann (1578–1639) und Jakob Boehme (1575–1624). Diss. Zürich 1967.
- Die Josefsfigur in der Barockdichtung. In: Colloquia Germanica 5 (1971) S. 245–255.
Selzer, Alfred: Das Jesuitendrama in der literarischen Entwicklung. Diss. Frankfurt a. M. 1923.
Skrine, Peter: New Light on Jesuit Drama in Germany. In: German Life and Letters 34 (1980/81) S. 306–314.
Sullivan, Robert G.: The Legend of Theophilus and Bidermann's „Cenodoxus". In: Legenda Aurea: Sept siècles de diffusion. Hrsg. von Brenda Dunn-Lardeau und P. Baudoin de Gaiffier. Montreal/Paris 1986. S. 277–282.
Szarota, Elida Maria: Künstler, Grübler und Rebellen. Studien zum europäischen Märtyrerdrama des 17. Jahrhunderts. Bern/München 1967. S. 7–23.
- Versuch einer Periodisierung des Jesuitendramas. Das Jesuitendrama der oberdeutschen Ordensprovinz. In: Daphnis 3 (1974) S. 159–177.
- Das Jesuitendrama als Vorläufer der modernen Massenmedien. In: Daphnis 4 (1975) S. 129–143.
- Das katholische und protestantische Schuldrama. Zusammenfassung. In: Deutsche Barockliteratur und europäische Kultur. Hamburg 1977. S. 238–241.
- Jesuitendramen und Bibel. In: Vestigia. Jahrbuch des deutschen Bibel-Archivs 1 (1979) S. 37–57.
Tarot, Rolf: Jakob Bidermanns „Cenodoxus". Diss. Köln 1960.
- Ideologie und Drama. Zur Typologie der untragischen Dramatik in Deutschland. In: Typologia Litterarum. Festschrift für Max Wehrli. Zürich/Freiburg (Brsg.) 1969. S. 351–366.
- Schuldrama und Jesuitentheater. In: Handbuch des deutschen Dramas. Hrsg. von Walter Hinck. Düsseldorf 1980. S. 35–47, 532–534.
Tisch, J. Hermann: Ruhm und Ehre bei Bidermann und Gryphius – mit einem Ausblick auf Spätbarock und Aufklärung. In: Australasian Language and Literature Association. Proceedings and Papers of the Twelfth Congress held at the University of Western Australia 5.–11. 12. 1969. Sydney 1970. S. 324–349.
- Ruhm, Ehre und Jenseitsglorie im Drama des 17. und frühen 18. Jahrhunderts. In: Die Ehre als literarisches Motiv. E. W. Herd zum 65. Geburtstag. Hrsg. von August Obermayer. Dunedin (New Zealand) 1986. S. 38–63.

Valentin, Jean-Marie: Sur quelques prologues de drames jésuites allemands aux XVIe et XVIIe siècles. In: Jean Jacquot (Hrsg.): Dramaturgie et société. 2 Bde. Paris 1968. Bd. 2. S. 469–478.
- A propos d'une réédition récente du théâtre de Bidermann. Données nouvelles sur les manuscrits de l'auteur: Cenodoxus, Belisarius, Macarius Romanus. In: Etudes Germaniques 25 (1970) S. 208–211.
- Das Jesuitentheater und die literarische Tradition. In: Deutsche Barockliteratur und europäische Kultur. Hamburg 1977. S. 116–140.
- Le théâtre des Jésuites dans les pays de langue allemande (1554–1680). Salut des âmes et ordre des cités. 3 Bde. Bern / Frankfurt a. M. / Las Vegas 1978.
- Le théâtre néo-latin catholique en Allemagne (XVIe et XVIIe siècles). Bilans et perspectives. In: Acta Conventus Neo-Latini Amstelodamensis 1973. München 1979. (Humanistische Bibliothek. I,26.) S. 1020–1030.
- Latin et allemand dans le théâtre jésuite des pays germaniques. In: Acta Conventus Neo-Latini Turonensis 1976. Paris 1980. S. 571–583.
- Gegenreformation und Literatur: Das Jesuitendrama im Dienste der religiösen und moralischen Erziehung. In: Historisches Jahrbuch der Görres-Gesellschaft 100 (1980) S. 240–256.
- Der Hof im Theater der Jesuiten. In: Virtus et Fortuna. Festschrift für Hans-Gert Roloff. Bern / Frankfurt a. M. / New York 1983. S. 363–383.

Wanner, Irene: Die Allegorie im bayrischen Barockdrama des 17. Jahrhunderts. Diss. München 1941.

Wehrli, Max: Jakob Bidermann. „Cenodoxus". In: Das deutsche Drama. Hrsg. von Benno von Wiese. Bd. 1. Düsseldorf 1958. S. 13–34.
- Deutsche und lateinische Dichtung im 16. und 17. Jahrhundert. In: Das Erbe der Antike. Zürich 1963. S. 135–151.
- Andreas Gryphius und die Dichtung der Jesuiten. In: Stimmen der Zeit 175 (1965) S. 25–39.

Wimmer, Ruprecht: Jesuitentheater – Didaktik und Fest. Das Exemplum des ägyptischen Joseph auf den deutschen Bühnen der Gesellschaft Jesu. Frankfurt a. M. 1982.

Winniczuk, Lidia: Bidermanns „Belisarius" and the Neo-Latin Polish anonymous „Belisarius". In: Acta Conventus Neo-Latini Amstelodamensis. München 1979. (Humanistische Bibliothek. I,26.) S. 1052–1057.

Zeidler, Jakob: Studien und Beiträge zur Geschichte der Jesuitenkomödie und des Klosterdramas. Hamburg/Leipzig 1891.

NACHWORT

Das Drama der Jesuiten darf nicht nur in der Nachfolge des Humanistendramas, an dessen sprachliche und formale Tradition es anknüpft, gesehen werden. Die gegenreformatorischen Ziele des Ordens haben die dramatischen Bemühungen entscheidend mitbestimmt. Schon bald nach der Gründung der Gymnasien werden regelmäßig Dramen aufgeführt. Bearbeitungen von Plautus- und Terenz-Komödien bilden den Anfang. Aber auch der *Euripus* des niederländischen Franziskaners Levin Brecht, der *Acolastus* des Gnapheus und der *Hecastus* des Macropedius werden gespielt, bis Angehörige des Ordens zunehmend selber Dramen schreiben. Abgesehen von besonderen Anlässen (z. B. Fürstenhochzeiten), sind es vor allem die jährlich zweimal – zumeist im Frühjahr und zum Schulbeginn („ad renovationem studiorum") im Herbst – stattfindenden öffentlichen Aufführungen der Schulen oder auch die häufigeren internen Aufführungen einzelner Klassen, für die Spieltexte geschaffen werden müssen. Das Verfassen der Dramen gehört im allgemeinen zu den Obliegenheiten des Professors für Rhetorik, der auch für die Einstudierung, die Herrichtung der Bühne und den Druck der Periochen, der Inhaltsangaben für die Zuschauer, verantwortlich ist. Zwar werden gelegentlich auch erfolgreiche Dramen anderer Gymnasien nachgespielt, zumeist aber entsteht der Spieltext unmittelbar für eine Aufführung, und es ist nicht verwunderlich, daß, der dramatischen Begabung des jeweiligen Verfassers entsprechend, zumeist die dichterische Qualität gering ist. Von literarhistorischem Interesse sind die dramatischen Werke weniger Verfasser. In der Frühzeit sind es im Oberdeutschen, dem Kerngebiet der Ordenstätigkeit, die Dramen von Jakobus Pontanus (Spanmüller) (1542–1626), Georg Agricola (1562–1635), Jakob Gretser (1562–1625), Matthäus Rader (1561–1634), Jakob Keller (1568–1631) und Jakob Bidermann (1578–1639), in der zweiten

Hälfte des Jahrhunderts die von der italienischen Oper beeinflußten „Ludi caesarei" der Wiener Jesuiten Nikolaus Avancini (1612–86) und Johann Baptist Adolph (1657–1708).

Biographisches

Jakob Bidermann war der bedeutendste Dramatiker der Frühzeit. Er wurde 1578 in Ehingen (Donau) geboren, besuchte das Jesuitengymnasium in Augsburg und trat mit sechzehn Jahren (1594) in den Orden ein. Nach seinem Philosophiestudium in Ingolstadt (1597–1600) kehrte er im Herbst 1600 als Lehrer nach Augsburg zurück, wo er sein erstes Drama, den *Cenodoxus*, schrieb, der am 2. Juli 1602 dort aufgeführt wurde. Der im gleichen Jahr aufgeführte *Cassian* Bidermanns ist verloren. Nach seinem Theologiestudium in Ingolstadt (Herbst 1603–06) kam er als Professor der Rhetorik an das Gymnasium in München, wo er in den folgenden Jahren (1606–14) zahlreiche Dramen schrieb und aufführte: 1606 spielte man seinen *Adrian*, dessen Text nicht erhalten ist, 1607 seinen *Belisar*. 1609 folgt die denkwürdige Aufführung des *Cenodoxus*, von der berichtet wird, daß zahlreiche Fürsten sich anschließend zu den Ignatianischen Exerzitien zurückzogen und der Darsteller des Cenodoxus in den Orden eintrat. Dem *Cenodoxus* folgten der *Macarius Romanus* (1613) und der *Josephus* (1615). Vielleicht sind auch die *Cosmarchia*, die man zu Unrecht „nur als Textbuch für ein Singspiel oder eine Oper" (Joh. Müller) gelten lassen will, und der *Philemon Martyr* in München aufgeführt worden, denn die frühesten uns bekannten Aufführungen – *Cosmarchia* Burghausen 1663 und *Philemon Martyr* Konstanz 1618 – sind wohl kaum die ersten.

Nach acht Jahren verläßt Bidermann München, um nach Absolvierung des dritten Probejahres (Tertiat) in Ebersberg, in Dillingen Philosophie (1615–18) und anschließend Theologie zu lehren. Aus der Zeit seiner Dillinger Tätigkeit sind uns zwei Aufführungen bekannt: 1618 spielte man dort den *Joannes Calybita*, 1619 den *Josaphatus*. Wann und wo sein *Jacobus Usurarius* gespielt wurde, wissen wir nicht. Nicht vor Mai 1625 wurde Bidermann vom Ordensgeneral als Bücherzensor nach Rom berufen, wo er am 20. August 1639 starb.

Obgleich Bidermann uns heute vor allem als Dramatiker – insbesondere als Dichter des *Cenodoxus* – bekannt ist, schätzten seine Zeitgenossen ihn nicht minder als Lyriker und Epiker. Seine lyrischen und epischen Werke waren schon zu Lebzeiten in zahlreichen Auflagen in Deutschland, Frankreich, Italien und den Niederlanden verbreitet.

Die Aufführungen seiner Dramen haben offenbar lange nachgewirkt. Fast drei Jahrzehnte nach seinem Tode bestand ein lebhafter Wunsch nach einer Ausgabe, wie der unbekannte Herausgeber der *Ludi theatrales* (München 1666) betont. Von der Lebendigkeit seines Jugendwerks, des *Cenodoxus*, zeugen die Kelheimer und Pollinger Handschrift, die Aufführungen in München (1609) und Ingolstadt (1617), von denen wir uns auf Grund der überlieferten Periochen ein Bild machen können, weitere Aufführungen in Luzern (1609), Pruntrut (1615), Paris (1636), Ypern (1636) und Hildesheim (1654) und nicht zuletzt Joachim Meichels deutsche Übersetzung von 1635.

Stoff

Die Legende des hl. Bruno, des Gründers des Kartäuserordens, war der erste Stoff, für den sich Bidermann interessierte und den er, wie wir aus einem Brief des Zweiundzwanzigjährigen an seinen Lehrer Matthäus Rader wissen (Brief vom 17. April 1600 aus Ingolstadt), zu bearbeiten begonnen hatte, als man ihm von verschiedenen Aufführungen dieses Stoffes in der Schweiz berichtete. Zunächst sollte wohl die durch das legendäre Wundererlebnis bewirkte ‚Conversio Brunonis' – wie sie etwa 1637 in Wien aufgeführt wurde – dargestellt werden. In dem zwei Jahre später entstandenen *Cenodoxus* aber steht nicht mehr Bruno, sondern jener legendäre ‚Doktor von Paris' im Mittelpunkt, den Bidermann – weil sein Name nicht überliefert ist – Cenodoxus nennt, womit er schon auf sein Laster hinweist.

Wir wissen heute, daß jenes Wunder, welches Bruno 1082 in Paris erfahren haben soll, eine legendäre Ausschmückung seines Lebens und der Gründung des Kartäuserordens ist. Erst in der 150 Jahre nach dem Tode Brunos erschienenen sogenannten „vita antiquior" eines unbekannten Verfassers wird von diesem Wunder berichtet. Danach war in Paris ein von allen wegen seiner Tugend und Gelehrsamkeit hoch verehrter Doktor der Universität gestorben. Als sich Professoren und Studenten versammelt hatten, um das Totenoffizium zu halten, richtete sich der Leichnam von der Bahre auf und rief: „Justo Dei judicio accusatus sum" („Von Gottes gerechtem Gericht bin ich angeklagt"). Darauf sank er wieder leblos zurück. Von Schrecken erfüllt, verschob man die Leichenfeier auf den folgenden Tag. Als man sich erneut versammelt hatte, erhob sich der Leichnam abermals und schrie: „Justo Dei judicio judicatus sum" („Von Gottes gerechtem Gericht bin ich verurteilt"). Noch einmal verschob man das Leichenbegängnis. Als sich am dritten Tage eine große Schar Menschen eingefunden hatte, wiederholte sich das schauerliche Ereignis. Zum drittenmal erhob sich der Leichnam und schrie mit jammervoller Stimme: „Justo Dei judicio condemnatus sum" („Von Gottes gerechtem Gericht bin ich verdammt").

Auf Grund dieses Ereignisses sollen Bruno und seine sechs Gefährten beschlossen haben, der Welt zu entsagen und als Eremiten ein Gott wohlgefälliges Leben zu führen, um ihr Seelenheil zu retten. Von den zahlreichen Schriftstellern, die dieses Wundererlebnis verbreiteten, nennt das Argumentum bei Meichel (vgl. S. 6) Franciscus a Puteo (Franz Depuy), den Verfasser der sogenannten „vita altera" (1515). Es weist auch auf die von Papst Urban VIII. (1623–44) getilgte Vita Brunos im Breviarium Romanum hin.

Gehalt

Für die dramatische Ausgestaltung des Stoffes hatte Bidermann freie Hand, da über das Leben und die Schuld des Doktors nichts überliefert war. Mit dem Namen Cenodoxus schafft Bidermann eine Beziehung zur Lasterlehre der Kirche, in deren Achtlasterschema die „cenodoxia" – die eitle Ruhmsucht – noch neben der Superbia (Hochmut, Hoffart) erscheint, während sie im späteren Siebenlasterschema mit der Superbia zusammenfällt. Die Superbia steht „allen sieben Sünden voran als gemeinsamer Urgrund, als initium omnis peccati (Sir. 10,5; Thomas von Aquin, S. th. I. II. q. 84 a. 2.4)" (vgl. Mausbach/Ermecke, *Katholische Moraltheologie*, Bd. 1, ⁸1954, S. 353). Sie ist die Liebe zur eigenen Vortrefflichkeit – amor propriae excellentiae (Hugo von St. Victor) – der Ehrgeiz, der nach Würden und Ruhm trachtet (Augustinus) und als Sünde schwierig zu vermeiden, weil sie „aus dem Guten selbst die Gelegenheit hernimmt" (Thomas von Aquin). „Über alle Laster schlimm ist der Hochmut, sei es, weil die höchsten und ersten Personen ihn annehmen, oder weil er vom Wirken der Gerechtigkeit und der Tugend seinen Ausgang nimmt und seine Schuld weniger empfunden wird" (Thomas von Aquin). Die Superbia ist die schwerste aller Sünden, weil sie den Menschen von Gott und seinen Geboten der Sache nach abwendig macht. „Während alle Laster vor Gott fliehen, stellt sich der Hochmut allein Gott entgegen" (Thomas von Aquin).

Bidermann verbindet dieses Hauptlaster mit der Geisteshaltung der Humanisten stoischer Prägung, die durch Cenodoxus repräsentiert wird, und gestaltet sie unter einer Leitvorstellung, welche die theologische Kritik verschärft. Der Tugendstolz der stoischen Humanität, wie ihn Cenodoxus zeigt, hat pharisäische Züge. Darum muß die Heuchelei des Cenodoxus – durch die allegorische Gestalt der Hypocrisis versinnbildlicht (die wie die anderen allegorischen Gestalten für die dramatischen Personen unsichtbar ist) – im neutestamentlichen Sinne als „das in Täuschung befangene Verhalten gegen Gott, das mit äußerem Tun die innere Wirklichkeit des Herzens verbirgt", verstanden werden. „Der Maßstab, an dem sie gemessen wird, ist dabei keineswegs primär die etwaige Täuschungsabsicht, sondern die vor Gott geltende Wahrheit. Schon die von Jesus gebrandmarkten Pharisäer werden nicht wegen ihrer Unehrlichkeit Heuchler genannt. Vielmehr ist ihre Heuchelei ,ein objektiver Selbstwiderspruch' (Schniewind). Sie ‚ver-messen' sich selbst im Vertrauen auf ihre eigene Gerechtigkeit (Lk. 18,9) und haben vergessen, daß Gott in das Verborgene schaut. Heuchelei ist darum mehr als eine moralische Untugend, mehr auch als bloße Scheinheiligkeit (Molières *Tartuffe*). Sie ist als Usurpation des göttlichen Heils ihrem Wesen nach satanisch (2. Kor. 11,14). Darum ist der, der ihr verfällt, vom ewigen Heil ausgeschlossen" (G. Bornkamm). Bidermann hat verschiedentlich innerhalb des Dramas deutlich gemacht, daß die Heuchelei des Cenodoxus nicht mit Tartüfferie (Scheinheiligkeit) verwechselt werden darf. Wie sehr Cenodoxus nicht nur andere, sondern auch sich selber täuscht, betont Hypocrisis:

> Nemini,
> Neque adeò sibi suspectus est.
> (I,2, V. 204 f.)

> Vnd das ja ist das allermaist /
> So gar an jhm selbst er nit waist /
> Wie jhn dermassen also sehr
> Hab gnommen ein die eytel Ehr.
> (I,2, V. 435–438)

Kraft seines freien Willens, den die Theologen der Gesellschaft Jesu verteidigen, ist der Mensch aufgefordert, im Heilsakt mitzuwirken. Obgleich der menschliche Wille nichts ohne die göttliche Gnade vermag, so ist doch durch die zum Heilsakt notwendige Mitwirkung des freien Willens dem Menschen die volle Verantwortung für seine Entscheidungen belassen.

Man sollte in Bidermanns *Cenodoxus* nicht „nur die geistesgeschichtliche Zertrümmmerung der literarischen Vergangenheit", „das literarische Gericht über den Geist des Renaissancemenschen, ausgesprochen vom Geiste der Restaurationszeit« (Joh. Müller), sehen. Wir schätzen Bidermanns kritische Darstellung des Humanisten der Renaissance in seinem Hochmut, seiner entfesselten Subjektivität, Ruhmsucht, Eitelkeit, seiner Selbstvergötterung und seinem Starrsinn. Fraglos wollte Bidermann in der Gestalt des Cenodoxus die mit dem Humanismus autonom gewordene Persönlichkeit in der Gefahr ihrer Trennung von Gott darstellen.

Die literarhistorische Hochschätzung des *Cenodoxus* ist vor allem durch die dramatische Gestaltung bedingt: die wirkungsvolle Verwendung der allegorischen Gestalten, die psychologische Motivierung des Geschehens, die Darstellung „von subjektiv-‚bewußter' Selbstschätzung und objektiv-‚unbewußter' Selbsttäuschung" (K. Ziegler), hervorgerufen durch ein trügerisches Selbstbewußtsein, das fern des gottesfürchtigen Schuldbewußtseins die Superbia an die Stelle der Demut setzt und durch die seinswidrige Vorwegnahme der Erfüllung sich zur Vermessenheit steigert; das ständige Ausbalancieren der scheinbaren Identität von stoischem und christlichem Weltbild, am klarsten in der „bewußten Grenzsetzung zwischen autonomer stoischer Leidüberlegenheit und christlicher Gottergebenheit" (G. Müller); die dramatisch wirksame und menschlich erregende Vertauschung von Schein und Stein.

Dramatische Form

Das didaktische Anliegen Bidermanns hat seine adäquate Entsprechung in einer Dramenform, für die erst langsam das rechte Verständnis erwacht. Betrachtet man nämlich die ausgesprochen episodischen Szenen III,6 und III,8, die – wie V,8 – im Text der *Ludi theatrales* fehlen und darum immer wieder als Zusätze von Meichels Hand angesehen wurden, die lockere Verknüpfung der Szenen, vgl. besonders die Nauegus- und Rusticus-Episode (II,4 und II,8), aber auch die „Tollwut"-Episode (I,1 und I,4) und die Vertauschbarkeit der Szenen, so kann man von einer weitgehenden „Selbständigkeit der Teile" sprechen, nach Schiller „ein Hauptcharakter des epischen Gedichtes" (Brief an Goethe, 21. April 1797). Aber auch andere Züge laufen jener Auffassung des Dramatischen zuwider, die Emil Staiger in seinen *Grundbegriffen der Poetik* beschrieben hat und die sich durch den Begriff der Spannung charakterisieren läßt. Spannung aber „wird von der

Unselbständigkeit der Teile ausgelöst", und da der *Cenodoxus* diese Funktionalität der Teile nicht aufweist, fehlt die Spannung hier – wie zum Beispiel auch in der *Catharina von Georgien* des Andreas Gryphius und anderen Dramen dieser Zeit. Auch der Zuschauer befindet sich in einer anderen Situation. Dort weiß er „am Anfang noch nicht Bescheid", er darf es auch nicht wissen, denn „das Ganze und der letzte Sinn des Geschehens enthüllen sich erst am Schluß"; zwar werfen große Ereignisse ihre Schatten voraus, und „solche vorausgeworfenen Schatten will der Dichter nach Möglichkeit zeigen, in Vorahnungen, in banger Erwartung, in Zeichen, die noch nichts Bestimmtes, aber doch etwas Unheilvolles oder Erfreuliches ankündigen" (Staiger). Zwar kann der Dichter die Zukunft vorwegnehmen, er darf sie aber nicht schon enthüllen. Ganz anders hier. Hier dürfte am Anfang auch „ein Vorbericht aus dem Munde eines allwissenden Gottes" (Staiger) stehen – vgl. etwa den Prolog der Ewigkeit in *Catharina von Georgien* –, denn hier ist legitim, was dort dilettantisch genannt werden müßte. Der Zuschauer erfährt am Anfang schon alles, dafür sorgen Dramentitel, Argumentum (vgl. *Summarischer Innhalt der Geschicht vom Parisischen Doctor*) und Inhaltsangaben der einzelnen Szenen. Bei Meichel sind sie – wie in Dramen Bert Brechts – der einzelnen Szene vorangestellt, in der Theaterpraxis der Jesuiten nehmen die Periochen alle diese Bestandteile auf und informieren den Zuschauer lückenlos. An die Stelle der Spannung auf das W a s der Handlung tritt – wenn man den gleichen Begriff beibehalten will – die auf das W i e des Geschehens. Der Sinn des Geschehens enthüllt sich nicht im Ziel, sondern im Weg. Wie wir für die Lyrik mit einer nicht-lyrischen Form der Lyrik zu rechnen haben (vgl. K. O. Conrady, *Lateinische Dichtungstradition und deutsche Lyrik des 17. Jahrhunderts*, Bonn 1962), so müssen wir wohl neben der dramatischen Form des Dramas (Spannung) eine nicht-dramatische Form gleichberechtigt gelten lassen.

Bühne

Zum angemessenen Verständnis des *Cenodoxus* gehört die Kenntnis der zugrunde liegenden Bühnenform. Eine systematische Untersuchung der Jesuitenbühne fehlt immer noch. Willi Flemming hat auf Grund einer Textanalyse für den *Cenodoxus* einen Typus erschlossen, den er „wegen des Nebeneinanders der Innenräume" „kubische Simultanbühne" genannt hat. Ein solcher Bühnentypus ermöglicht einen sinnvollen Ablauf des Geschehens, wenn man gegenüber Flemming einige – im Text begründete – Modifikationen vornimmt: Die Bühne, die keinen abschließenden Vorhang kennt, ist in eine neutrale Vorderbühne und eine mit Innenräumen belegte Hinterbühne aufgeteilt. Auf der mittleren Hinterbühne liegen die beiden verhüllbaren Innenräume, die Gemach und Garten (bzw. himmlisches Gericht) aufnehmen. Sie grenzen unmittelbar aneinander und sind durch eine Tür miteinander verbunden. An das Gemach grenzt der Hauseingang, an den Garten die Tür zum Hause des Philedemon. Auf der einen Seitenbühne liegen das Höllentor (Versenkung) und das Stadttor, auf der anderen die Tür zum Hause des Aesculapius und der Weg in die Stadt.

Meichels Übersetzung

Über das Leben Joachim Meichels, der als autorisierter Übersetzer zahlreicher Schriften von Jeremias Drexel (1581–1638) den Zeitgenossen bekannt war, wissen wir sehr wenig. Er wurde als Sohn eines Lehrers um 1590 in Braunau geboren, studierte in Dillingen und München und war 1614 als Präzeptor in Weihenstephan tätig. Von 1623 bis zu seinem Tode (14. August 1637) war er geheimer Sekretär des bayrischen Kurfürsten. Dichtungen Meichels in deutscher Sprache enthalten die *Templa Brunoviensia* (1614) und das Gebetbuch *Geistliche Angelica oder Seelen Wurtz* (1628). An der Übersetzung von Baldes *Agathyrsus* war er mitbeteiligt. Die 1635 erschienene Übersetzung des *Cenodoxus* –

von Johannes Bolte 1889 in einem Exemplar der ehemaligen Kgl. Preußischen Staatsbibliothek in Berlin wiederentdeckt und durch Willi Flemmings Ausgabe innerhalb der *Deutschen Literatur in Entwicklungsreihen* (1930) weit verbreitet – hat lange Zeit das dramatische Schaffen Bidermanns repräsentieren müssen und ist seit 1960 durch Ausgaben des *Philemon Martyr* (mit deutscher Übersetzung), des *Belisarius* und des *Macarius Romanus* sowie des lateinischen Originals des *Cenodoxus* ergänzt worden. Erst die 1967 erschienene Neuausgabe der *Ludi theatrales* hat das gesamte überlieferte dramatische Werk Bidermanns wieder zugänglich gemacht.

Meichels Übersetzung des *Cenodoxus* ist die einzige zeitgenössische Übertragung eines Bidermann-Dramas und bei den ohnehin seltenen Drucklegungen von Dramen eine Seltenheit. Eine gerechte Würdigung von Meichels Leistung erforderte eine eigene Studie, aber es soll wenigstens gefragt werden, inwieweit diese Knittelversübersetzung ein Bild des lateinischen Originals vermittelt.

Meichels Übersetzungsvorlage kennen wir nicht. Gegenüber dem Text der *Ludi theatrales* zeigt sein Text verhältnismäßig große Differenzen. Weder die dort fehlenden Szenen III,6, III,8 und V,8 noch die Umstellung der Szenen III,7, IV,1 und V,9 dürfen als Eingriffe Meichels angesehen werden, da sie durch die Handschriften und durch die Periochen als von Bidermann stammend belegt sind. Das Fehlen der uns sonst in allen bekannten Fassungen und Periochen überlieferten Szene II,1 berechtigt noch nicht zu dem Schluß, Meichel habe sie von sich aus gestrichen; desgleichen läßt sich nicht entscheiden, ob Meichel das Argumentum (s. S. 6), das Personenverzeichnis (s. S. 7 f.), die den Szenen vorangestellten Inhaltsangaben und die Regiebemerkungen schon in seiner Vorlage fand oder als eine erst für den Druck notwendige Ergänzung vornahm.

Die getreue Übertragung der scharf argumentierenden Senare des lateinischen Originals mußte auch einem so begabten Übersetzer Schwierigkeiten machen, zumal wenn das Versmaß entgegen dem Original den Reim verlangte. Das erklärt vor allem das quantitative Anschwellen auf fast doppelt so viele Knittelverse wie Senare. Gelegentlich braucht Meichel fast das Vierfache an Knittelversen, um einen Gedanken des Originals wiederzugeben, wie in den oben (S. 165) zitierten, für das Verständnis so wichtigen Versen (I,2, V. 435-438). Meichel akzentuiert die Tatsache der Selbsttäuschung des Cenodoxus, die auch uns wesentlicher erscheint als das Täuschen seiner Umgebung. Die Übersetzung des „nemini" hätte wahrscheinlich zwei weitere Verse erfordert, die Meichel entbehrlich erschienen, nachdem der zentrale Gedanke verdeutlicht war. Trotz des Unterschieds zum Original wird die einfühlende Übersetzungsleistung Meichels deutlich.

Besonders glücklich trifft Meichel in den Diener- und Schmarotzer-Szenen den drastischen Ton, vgl. zum Beispiel die Anfangsverse der Übersetzung mit dem Original:

> D a m. Vt inferi inferaeque perdant noxium
> Caput; usque nebulo ludit evertítque herum
> Inanijs, affanijs, offucijs,
> Mendacijs. Palpat, prehensat, aestimat,
> Adúlat, ambit, tollit illum ad Sidera,
> Et si quid ultra sidera est. Piget, pudet,
> Audire toties. Cui rei autem haec factitat?
> (I,1, V. 1-7)

Auch das beschwichtigende Geschwätz des Mariscus:

> M a r. Egómet enim mihi
> Soleo esse vates, quandocunque scilicet
> Bissexto in anno, mense Januario,
> Hebdomade septimâ, dies Veneris, diem
> Jovis praeit.   (III,5, V. 1117-21)

ist treffend übersetzt (vgl. III,5, V. 362-365).

Nicht minder bemerkenswert ist die Übersetzung des „Sic transit mundi gloria" (vgl. IV,8, V. 741-784) und des Höllenchors (vgl. III,9, V. 651-664).

Im ganzen kann man feststellen, daß Meichel in seiner volkstümlichen Sprachgebung, die für unsere Ohren manchmal komisch klingt, wo die Zeitgenossen sicherlich keine Komik heraushörten, dem Anliegen der nüchternen und gedankenscharfen lateinischen Senare gerecht geworden ist.

Bearbeitungen

Seit der Wiederentdeckung von Meichels Übersetzung hat es nicht an Versuchen gefehlt, dieses Drama durch Bearbeitungen der Bühne zurückzugewinnen. Heinrich Bachmann, Vinzenz Großheutschi, Franz Jost und Herbert Rommel haben mit unterschiedlich starken Eingriffen in das Original einen spielbaren Text zu erstellen versucht. Der Verzicht auf wichtige Szenen – etwa auf das Bruno-Erlebnis bei Rommel – und die durchweg zu beobachtende Verkennung von Bidermanns Anliegen ließ diese Bemühungen zu Recht scheitern. Stephan Schallers stark gekürzte, auf die „Darbietung aller wesentlichen Gedanken" ausgerichtete Übersetzung wird gelegentlich von Laienbühnen gespielt. Nach diesen verschiedenen Bearbeitungsversuchen kann man sagen, daß die Aufführbarkeit nicht so sehr von einer durchgreifenden Bearbeitung als von einer der dramatischen Struktur des Dramas angemessenen Inszenierung abhängig zu sein scheint.

Joseph Gregors *Cenodoxus* sollte nicht im Zusammenhang mit Bidermanns Drama erwähnt werden. Von einer Bearbeitung – auch im weitesten Sinne – darf man hier nicht sprechen. Das Stück ist gehaltlich läppisch und albern und auch von dramaturgischen Gesichtspunkten aus indiskutabel. Zu schweigen von theologischen Aspekten, die schon beim Laien Verwunderung hervorrufen.

Der Cenodoxus-Stoff hat Hugo von Hofmannsthal zu einem *Xenodoxus*-Drama angeregt. Seine Aufzeichnungen (vgl. *Gesammelte Werke*, hrsg. von Herbert Steiner, *Dramen IV*, S. 483–499) zeigen eine unabhängige Konzeption, so daß man nicht von einer Bearbeitung sprechen kann, ebensowenig wie bei Artur Müllers *François Cenodoxus. Der Doktor von Paris* (Emsdetten o. J. – Dramen der Zeit, Bd. 13).

Zur Ausgabe

Die vorliegende Ausgabe gibt den Text nach dem Exemplar der Thüringischen Landesbibliothek Weimar (Sign.: 15,8: 5ª). Orthographie und Interpunktion blieben unangetastet, lediglich am Satz- und Versende wurden einige Punkte ergänzt, wenn das Satzgefüge eindeutig war. Auf Initialauszeichnung wurde verzichtet, ſ als r wiedergegeben, Umlaute erscheinen typographisch nicht mit übergeschriebenem e. Die wenigen Abbreviaturen wurden aufgelöst; die Ligaturen *Æ*, *æ* in *Ae, ae* geändert. Da im Original für *I* und *J* ununterschieden nur eine Frakturtype gebraucht ist, wurde bei der Transponierung in Antiqua jeweils entsprechend dem im Original bei der Kleinschreibung üblichen Buchstaben *I* und *J* gesetzt. Die Wahl des Antiquasatzes legte weiterhin einen Verzicht auf die typographische Unterscheidung der lateinischen Wörter und Wortendungen nahe (im Original in Antiqua zwischen der Fraktur des deutschen Textes). Offensichtliche Druckfehler, z. B. II,6, V. 542: Dottor (> Doctor); Inhaltsangabe zu II,7: zwenn Medici (> zween Medici), wurden berichtigt. Ergänzt wurde IV,1, V. 15: Philar. Der Text wurde mit einer – aus technischen Gründen aktweisen – Verszählung versehen; die Seitenzählung des Originals ist in [ ] angegeben.

Barockliteratur
IN RECLAMS UNIVERSAL-BIBLIOTHEK

Auswahl

Abraham a Sancta Clara: *Wunderlicher Traum von einem großen Narrennest.* 77 S. UB 6399

Angelus Silesius: *Cherubinischer Wandersmann.* Kritische Ausgabe. 415 S. UB 8006

Jakob Bidermann: *Cenodoxus.* Deutsche Übersetzung von Joachim Meichel (1635). 172 S. UB 8958

Sebastian Brant: *Das Narrenschiff.* Studienausgabe. 619 S. UB 18333 – *Das Narrenschiff.* 536 S., 115 Abb. UB 899

Deutsche Dichter. Bd. 2: Reformation, Renaissance und Barock. 471 S. 37 Abb. UB 8612

Fünfzig Gedichte des Barock. 80 S. UB 18141

Gedichte des Barock. 413 S. 4 Abb. UB 9975

Gedichte und Interpretationen. Bd. 1: Renaissance und Barock. 416 S. 4 Abb. UB 7890

Hans Jacob Christoph von Grimmelshausen: *Der abenteuerliche Simplicissimus Teutsch.* 838 S. UB 761 – *Lebensbeschreibung der Erzbetrügerin und Landstörzerin Courasche.* 183 S. UB 7998

Andreas Gryphius: *Absurda Comica oder Herr Peter Squenz.* Schimpfspiel. 52 S. UB 917. Kritische Ausgabe: 77 S. UB 7982 – *Cardenio und Celinde*

Oder Unglücklich Verliebete. Trauerspiel. 104 S. UB 8532 – *Carolus Stuardus.* Trauerspiel. 167 S. UB 9366 – *Catharina von Georgien.* Trauerspiel. 159 S. UB 9751 – *Gedichte.* 173 S. UB 8799 – *Großmütiger Rechtsgelehrter oder Sterbender Aemilius Paulus Papinianus.* Trauerspiel. Text der Erstausgabe. 159 S. UB 8935 – *Horribilicribrifax Teutsch.* Scherzspiel. 141 S. UB 688 – *Leo Armenius.* Trauerspiel. 147 S. UB 7960

Christian Hofmann von Hofmannswaldau: *Gedichte.* 152 S. UB 8889

Daniel Casper von Lohenstein: *Cleopatra.* Trauerspiel. Text der Erstfassung von 1661. 184 S. UB 8950 – *Sophonisbe.* Trauerspiel. 248 S. UB 8394

Martin Opitz: *Buch von der Deutschen Poeterey* (1624). Studienausgabe. 214 S. UB 18214

Christian Reuter: *Schelmuffskys warhafftige curiöse und sehr gefährliche Reisebeschreibung zu Wasser und Lande.* 207 S. UB 4343

Friedrich Spee: *Trvtz-Nachtigal.* 357 S. UB 2596

Christian Weise: *Masaniello.* Trauerspiel. 206 S. UB 9327

Philipp Reclam jun. Stuttgart

Deutsche Dichter
Leben und Werk deutschsprachiger Autoren

Herausgegeben von
Gunter E. Grimm und Frank Rainer Max

Band 1: Mittelalter. 480 S. UB 8611
Band 2: Reformation, Renaissance und Barock. 471 S. UB 8612
Band 3: Aufklärung und Empfindsamkeit. 418 S. UB 8613
Band 4: Sturm und Drang, Klassik. 437 S. UB 8614
Band 5: Romantik, Biedermeier und Vormärz. 624 S. UB 8615
Band 6: Realismus, Naturalismus und Jugendstil. 495 S. UB 8616
Band 7: Vom Beginn bis zur Mitte des 20. Jahrhunderts. 572 S. UB 8617
Band 8: Gegenwart. 620 S. UB 8618

Das achtbändige, insgesamt über 4000 Seiten umfassende Werk *Deutsche Dichter* ist deutschsprachigen Autoren vom Mittelalter bis zur jüngeren Gegenwart gewidmet. Auf anschauliche Weise schreiben Fachleute in Beiträgen von 5 bis zu 50 Seiten Umfang über Leben und Werk von rund 300 bedeutenden Dichtern. Ein Porträt des Autors und bibliographische Hinweise ergänzen die einzelnen Darstellungen.

Philipp Reclam jun. Stuttgart